전정판

스포츠
교육학

김현우, 박형란, 서재복, 이달원, 정하나 저

한국스포츠개발원의
출제기준에 맞춘
스포츠지도사(2급)
시험대비 표준교재

대경북스

머리말

　체육교육학이 체육학의 하위 학문 영역으로 본격적으로 대두되기 시작한 것은 1970년대 후반이었다. 그러므로 체육교육학은 다른 학문들과 비교해봤을 때 상당히 늦게 정립된 개념이다.

　현재 체육교육학은 '운동을 통한 학교체육의 체계적 이해'라는 독립된 연구 영역으로 성장하였고, 체육교육학에서 말하는 체육은 '교육적으로 가치 있는 활발한 신체활동을 통해서 개인을 신체적·정신적·사회적·지적으로 최적의 발달을 도모하는 교육과정의 일부'를 의미한다.

　우리나라에서는 조선 말기가 되어서야 고종황제의 '교육입국조서'에서 신체의 건강한 발달을 내용으로 하는 '체양(體養)'을 언급함으로써 근대적 체육(體育)의 개념이 등장하게 되었다.

　서양의 경우 르네상스 이후에 어린이들을 교육하는 데에 신체의 움직임을 가르치는 것이 아주 중요하다는 것을 인식하고 phycical education이라는 말을 사용하였다. 그 후에 sports 또는 sport라는 말이 사용되기 시작하였지만, 스포츠보다는 체육이라는 단어가 먼저 사용되어 왔으며, 체육이 스포츠까지도 아우르는 단어로 사용되고 있다.

　어쨌든 스포츠교육이 좁은 의미로는 스포츠를 가르치는 것이지만 넓은 의미로는 학교에서 가르치는 학교체육, 일반인들이 취미 또는 건강을 위해서 하는 생활체육, 전문적인 운동선수들이 하는 전문체육을 모두 아우르는 것이다.

스포츠교육의 목적은 발육·발달을 도와서 신체가 건강하게 자라고 신체의 기능을 효율적으로 발휘할 수 있도록 하는 신체의 교육이라는 측면, 고도로 조직화된 경쟁적인 신체활동의 기술과 규칙을 가르치는 스포츠의 교육이라는 측면, 신체의 교육에서 벗어나 신체적 교육, 심동적 교육, 정의적 교육, 인지적 교육 등을 동시에 추구하는 신체를 통한 교육이라는 측면의 세 가지를 모두 아우르는 것이다.

스포츠교육은 체력을 발달시키고, 신체적 기능을 원활하게 하며, 신체적 능력을 기를 수 있고(신체적 가치), 여러 가지 스포츠활동이나 신체활동을 통해서 심리적으로 건강하게 살아갈 수 있게 만들며(정의적 가치), 유아기에 적절한 신체활동을 통해서 감각과 지각을 발달시키는 것이 운동능력의 발달뿐만 아니라 전반적인 인지능력의 발달에 아주 중요한 역할을 하므로(인지적 가치), 현대교육에서 스포츠교육은 매우 중요한 역할을 수행하고 있다.

이 책은 스포츠교육학의 배경과 개념은 물론, 정책과 제도, 스포츠교육의 참여자, 프로그램과 지도방법론, 평가, 스포츠교육자의 자질 개발에 이르는 스포츠교육학의 주요 내용을 요약 형식으로 간략하면서도 빠짐없이 다루어 스포츠교육을 전공하는 학생들의 교과서로 활용됨은 물론 각종 시험에도 대비할 수 있도록 하였다.

아무쪼록 이 책을 통해 전공 학생들의 스포츠교육의 올바른 개념을 이해하고, 나아가 연구와 교육 현장에서 학문적 성과를 제고함과 동시에 교육학 연구의 새로운 지평을 열어주기를 기대한다.

2019년 8월

저 자 씀

차 례

제 2 장 스포츠교육의 정책과 제도

제 **3** 장 **스포츠교육의 참여자 이해론**

제4장 스포츠교육의 프로그램론

제5장 스포츠교육의 지도방법론

제6장 스포츠교육의 평가론

제 **7** 장 **스포츠교육자의 전문적 자질개발**

제1장

스포츠교육학의 배경과 개념

01 체육과 스포츠의 개념

① 체육의 개념

19세기 이전에는 신체문화(Physical Culter) 또는 신체훈련(Physical Training)이라고 부르던 것이 19세기 초부터 학교교육의 중요한 한 분야가 되면서 신체활동에 교육적인 의미를 부여하여 체육(Physical Education)으로 불리게 되었다.

그 이후 체육이라고 하는 용어의 해석에 변화가 있었다. 즉 신체 그 자체를 교육하는 것을 신체의 교육, 체육을 매개로 해서 교육을 하는 것을 신체를 통한 교육이라고 구분하는 것이다.

신체의 교육(Education of or for the physical)에서는 신체를 강조하고, 체력증진 및 운동기술등의 향상을 그 목표로 두고 있다. 19세기 종반부터 20세기 초에 진보주의의 영향으로 신체를 통한 교육의 개념이 발전되었다. 신체는 물론이고 전인적인 인간의 양성을 추구하고자 하는 입장으로 신체를 통한 교육(Education through the physical)을 강조한 것이다.

최근에는 체육을 심신의 교육(Somatic Education)이라고 주장하는 학자들이 늘고 있다. 즉 인간의 신체활동을 기계적인 움직임이 아닌 인간의 감정과 정서 및 의지를 가지고 있는 움직임으로 정의하고 인간의 움직임을 연구하는 학문을 말한다. 다시 말해서 심신 이원론적인 입장에서 신체가 아니라, 몸과 마음이 하나인 心身一如의 상태에서 신체의 움직임을 연구하고, 교육한다는 것이다.

❷ 스포츠의 개념

　　스포츠와 체육은 경우에 따라서는 범위나 역할이 서로 중복되는 경우도 없지는 않으나, 엄밀히 말하면 뚜렷이 다른 개념이다. 대부분의 학자들이 체육의 개념을 신체운동을 통한 교육이라고 규정하는 데 반하여, 스포츠의 개념을 규정할 때에는 다음과 같이 3가지 주장들이 있다.

　　첫 번째는 신체운동을 행하는 주체의 심리적 태도를 기준 삼아서 스포츠를 규정하는 것이다. 독일의 디엠(Carl Diem)은 "어떤 신체활동이 스포츠이냐 아니냐는 본인의 마음자세에 의하여 결정된다."고 하였다. 예를 들어 같은 사냥이라도 즐기기 위해서 하면 스포츠가 되고, 생업을 위해서하면 직업이 된다는 것이다.

　　두 번째는 신체운동의 기능을 기준삼아서 스포츠를 규정하는 것이다. 대표적인 예로 영국의 윌펜드 위원회의 보고에서는 "사회의 일반 복지에 공헌하는 모든 운동을 스포츠에 포함시킨다."고 규정하고 있다.

　　세 번째는 이미 널리 존재하고 있는 신체운동의 여러 형태를 종합해서 스포츠로 파악하려는 움직임이다. 대표적인 것으로 유럽 스포츠 장관회의에서 채택한 유럽스포츠헌장에서는 경쟁적인 게임과 스포츠, 야외활동, 아름다움의 운동, 조정운동 등을 모두 스포츠의 범주에 포함시키고 있다.

❸ 체육학의 개념

　　일반적으로 체육학이라고 하면, 프로야구와 같은 프로스포츠에서부터 무용, 스포츠의학, 레크리에이션에 이르기까지 다양한 분야를 지칭하는 개

넘으로 이해할 수 있다. 이같은 관점에서 바라보면 '체육학'은 자연과학, 인문과학, 사회과학에 걸쳐 다양한 연구분야를 이루고 있어서, 체육학이 아닌 것을 찾기가 오히려 더 힘들다.

요즈음에는 체육학이라는 학문을 인간의 움직임(human movement)을 연구하는 학문 또는 움직임의 과학(movement science)으로 정의하고 있다.

❹ 체육교육학의 개념

다음에 살펴볼 것은 체육교육학에 대한 내용이다. 체육교육학이 체육학의 하위 학문 영역으로 본격적으로 대두되기 시작한 것은 1970년 대 후반이었다. 그러므로 체육교육학은 다른 학문들과 비교해봤을 때 상당히 늦게 정립된 개념이다.

현재 체육교육학은 '운동을 통한 학교체육의 체계적 이해'라는 독립된 연구영역으로 성장하였고, 체육교육학에서 말하는 체육은 '교육적으로 가치 있는 활발한 신체활동을 통해서 개인을 신체적 · 정신적 · 사회적 · 지적으로 최적의 발달을 도모하는 교육과정의 일부'를 의미한다.

02 스포츠교육학의 의미

① 스포츠교육학의 정의

앞에서 체육, 스포츠, 체육교육학 등의 개념에 대하여 공부하였기 때문에 여기에서는 스포츠교육을 '스포츠를 가르치는 것' 정도로 간단하게 정의하기로 하자.

조선시대에 서당·향교·성균관 등에서 가르쳐오던 한문과 유교경전으로서는 서양에서 들어오는 새로운 문물을 받아들이는 데에 어려움이 많다는 것을 절감하고, 고종황제가 새로운 교육개혁 정책의 기본이념을 발표한 것이 교육입국조서이다.

교육입국조서에서 고종황제는 전통적인 윤리의식을 기반으로 하는 덕양(德養), 신체의 건강한 발달을 내용으로 하는 체양(體養), 과학지식과 공공의식을 함양하는 지양(智養)을 천명하였다. 체양에서 體育이라는 말이 시작되었고, 체육이 신체를 가르친다는 교육적인 의미도 있지만 신체의 움직임이나 건강과 관련이 있는 것들을 모두 합해서 체육이라고 하였다.

서양에서도 르네상스 이후에 어린이들을 교육하는 데에 신체의 움직임을 가르치는 것이 아주 중요하다는 것을 인식하고 physical education이라는 말을 사용하였다. 그 후에 sports 또는 sport라는 말이 사용되기 시작하였지만, 서양이나 우리나라 모두 스포츠보다는 체육이라는 단어가 먼저 사용되어왔으며, 체육이 스포츠까지도 아우르는 단어로 사용되고 있다는 것도 사실이다.

어쨌든 스포츠교육이 좁은 의미로는 스포츠를 가르치는 것이지만 넓은 의미로는 학교에서 가르치는 학교체육, 일반인들이 취미 또는 건강을 위해서 하는 생활체육, 전문적인 운동선수들이 하는 전문체육을 모두 아우르는 것이다.

❷ 스포츠교육의 목적

체육교육이라고 할 때에는 신체의 교육과 신체를 통한 교육으로 구분해서 설명하였지만, 스포츠교육의 목적은 아무래도 신체의 교육, 스포츠의 교육, 스포츠를 통한 교육으로 구분해야 할 것 같다.

■ 신체의 교육

어린이의 발육·발달을 도와서 신체가 건강하게 자라고 신체의 기능을 효율적으로 발휘할 수 있도록 하는 것을 신체의 교육이라고 한다.

그러나 어린이가 아닌 선수나 청년들의 몸을 단련하는 것도 신체의 교육이고, 비만, 당뇨, 고혈압 같은 성인병에 걸리지 않도록 신체를 잘 돌보는 것도 신체의 교육이다. 그리고 질병을 예방하고 건강하게 노후를 보내서 삶의 질을 향상시키는 것도 당연히 신체의 교육에 해당된다.

■ 스포츠의 교육

이 책의 제목을 『스포츠교육학』이라고 한 이상은 스포츠 자체를 가르치는 것을 빼놓을 수는 없다. 스포츠는 고도로 조직화된 경쟁적인 신체활동이라는 것이 특징이므로 조직화되어 있는 스포츠를 할 수 있는 경기방법이나 규칙도 가르쳐야 하고, 스포츠를 즐기는 데에 필요한 기본적인 경기기술이나 전략도 가르쳐야 스포츠교육이라고 할 수 있지 않겠는가?!

■ 스포츠를 통한 교육

교육철학자인 듀이(Dewey, J.)의 진보주의 교육사상의 영향을 받아서 체육교육에서도 미국을 중심으로 신체육(new physical education)이라는 교육사조가 발달하였다.

그들은 인간의 신체와 정신은 분리될 수 없는 것이므로 각종 교육활동에 의해서 얻어지는 교육적 효과도 지적·도덕적·신체적인 면이 동시에 이루어진다고 믿었다. 그러므로 체육에서도 신체의 교육에서 벗어나 유기체적 교육(organic education), 심동적 교육(psychomotor education), 정의적 교육(character education), 인지적 교육(intellectual education) 등을 동시에 추구하여야 된다고 주장하였다.

그들은 그것을 신체를 통한 교육이라고 하였다. 즉 스포츠를 배우고 즐기는 과정에서 건강관련 체력이나 스포츠기술과 같은 신체적인 면만이 아니고, 국가사회에 필요한 참된 인간을 교육하려고 하는 것이 스포츠를 통한 교육이다.

3 스포츠교육의 가치

스포츠교육의 목적에서 제시한 신체의 교육, 스포츠의 교육, 스포츠를 통한 교육을 통해서 인간생활에 유용한 무엇인가를 얻을 수 있다는 것을 스포츠교육의 가치라고 한다.

베일리(Bailey, R.) 등(2009)가 신체적 가치, 정의적 가치, 인지적 가치로 구분하여 제시한 스포츠교육의 가치는 다음과 같다.

■ 신체적 가치

신체활동을 통해서 근력 · 전신지구력 · 순발력 · 민첩성 등 체력을 발달시킬 수 있고, 신체의 순환기능 · 대사기능 · 소화기능 등 여러 가지 신체기능과 체력을 유지 · 발달시킬 수 있으며, 각종 스포츠활동을 통해서 움직임의 능력과 조작능력 · 협응능력 · 조절능력 등을 기를 수 있다.

즉 체력을 발달시키고, 신체적 기능을 원활하게 하며, 신체적 능력을 기르는 것이 스포츠교육의 신체적 가치이다.

그밖에 스트레스나 질병에 대항할 수 있는 능력을 갖추어서 건강하고 행복한 삶을 누릴 수 있게 해주는 것도 스포츠교육의 신체적 가치라고 할 수 있다.

■ 정의적 가치

여러 가지 스포츠활동이나 신체활동을 통해서 인간생활의 긴장감, 스트레스, 욕구불만 등을 해소 또는 완화시키고, 공격성이나 파괴성, 경쟁성 같은 근원적 경향성을 해결함으로써 심리적으로 건강하게 살아갈 수 있게 만드는 것이 스포츠교육의 정의적 가치이다.

　그밖에 스포츠라는 조직적인 활동을 통해서 다른 사람과 의사소통을 하고 상호작용을 할 수 있는 능력과 사회적 기술을 습득하고 향상시킬 수 있는 것도 스포츠교육의 정의적 가치 중의 하나이다. 경기를 하면서 성실과 정직, 협동심과 인내심과 같은 사회적·도덕적 인격을 길러 나갈 수 있는 것도 스포츠교육의 정의적 가치에 해당된다.

■ 인지적 가치

　근대의 교육학자 루소(Rousseau, J. J.)가 "건강한 신체에 건전한 정신이 깃든다."고 한 말이 스포츠교육의 인지적 가치를 가장 간단명료하게 표현한 것 같다.

　인지심리학자 피아제(Piaget, J.)는 유아기에 적절한 신체활동을 통해서 감각과 지각을 발달시키는 것이 운동능력의 발달뿐만 아니라 전반적인 인지능력의 발달에 아주 중요한 역할을 한다고 강조하였다. 즉 어린이에게 스포츠교육을 하면 학업성적, 지적기능, 문제해결 능력, 수리력 등이 향상된다는 것이다.

　어린이가 아닌 성인이나 노인에게도 스포츠활동이 주의력과 집중력 등 인지기능의 향상에 크게 도움이 된다는 연구결과가 많이 보고되고 있다.

03 스포츠교육학의 역사

① 스포츠교육의 발전과정 ··

인간은 동물이기 때문에 몸을 움직이는 것은 아주 자연스러운 일이다. 그러나 인간은 생각하는 인간(homo sapiens)이기 때문에 사회를 만들고, 문화를 발전시키면서 역사가 생겨났다.

그 인간의 역사 안에서 신체의 움직임 또는 운동이 어떤 역할을 해왔는가? 아마도 생산활동이라는 형태로 신체의 움직임이 존재하였다는 것을 부인하지는 못할 것이다. 그러한 생각을 반영한 것이 공작하는 인간(homo faver)이라고 하는 철학적 사고이다.

그와 동시에 직접적인 생산활동이라고 하기에는 좀 곤란한 범주에 속하는 신체의 움직임도 존재하였다. 그것을 보통 놀이, 무예, 무술이라고 부르다가 후에는 여가활동이나 레크리에이션이라고도 불렀다.

동서양을 막론하고 공작하는 인간으로서의 신체활동이 유희하는 인간으로서의 신체활동보다 중요하게 다루어져 오다가 17~18세기경에 근대식 학교가 생기면서 체육 또는 스포츠가 학교교육의 내용에 들어가게 되면서, 유희하는 인간(homo ludens)으로서의 신체활동이 중요한 교육영역의 하나로 자리매김하게 되었다.

여기에서는 근대식 학교교육에서 체육 또는 스포츠로 불리던 때부터 현재까지의 스포츠교육 또는 체육교육의 발전과정을 간단히 살펴보기로 한다.

■ 19세기 초 · 중반

근대적인 교육사상이 싹트면서 독일, 스웨덴, 덴마크를 중심으로 체조 중심의 체육교육이 발달하였고, 미국에서는 청교도주의의 영향을 받아서 건강 중심의 체육교육이 발달하였다.

이 시기에 제1회 근대올림픽대회가 개최되었기 때문에 아마추어리즘과 페어플레이 정신이 크게 강조되었다.

19세기 초 · 중반에는 남 · 녀의 성차를 인정하면서 강하고 활달한 것을 이상적인 남성상으로, 순종적이고 순결한 것을 이상적인 여성상으로 추구하였다.

■ 19세기 말 · 20세기 초

19세기 말 · 20세기 초에는 루소의 자연주의 교육사상과 듀이의 진보주의 교육사상이 힘을 얻고 있는 시대였기 때문에 신체를 통한 교육으로서의 체육이 강조되었다. 그래서 놀이, 게임, 레크리에이션의 중요성을 크게 부각시킨 신체육이 유행하였다.

■ 1950년대

이 시기에는 아동의 에너지를 발산시키고, 놀이에 대한 욕구를 충족시키며, 사회적 상호작용의 기회를 제공한다는 의미에서 움직임의 교육을 중요시하였다.

움직임의 교육에서는 육상, 체조, 농구나 배구와 같은 특정 종목의 스포츠활동을 배우기보다는 인간의 움직임에 내재되어 있는 보편적인 원리로서 운동생리학, 운동역학, 스포츠심리학 등을 배워야 움직임을 효율적이고 아름답게 수행할 수 있다고 주장하였다. 그래서 교육무용, 교육체조, 교육게임 등을 학습하거나 탐구하는 데에 교육의 중점을 두었다. 움직임의 교육이 나중에 체육의 학문화운동이 일어날 수 있는 이론적인 동기가 되었다.

■ 1970년대

이 시기에는 인간주의적 철학사조의 영향을 받아서 인간주의적 체육교육을 주장하였다. 인간주의적 체육교육에서는 학교체육의 1차적인 목표가 인성발달, 표현력 함양, 대인관계의 향상에 있다고 주장한다.

그 후 시덴토프(Siedentop, M.)를 중심으로 스포츠의 기능 · 지식 · 태도를 교육시켜서 아이들 스스로 스포츠를 즐기고, 참여하며, 건전한 스포츠문화를 만들어가는 데에 공헌하게 한다는 '스포츠교육모형'이 처음으로 등장하게 되었다.

② 체육의 학문화 운동

1960년 이전까지는 체육이 초 · 중 · 고등학교의 교육을 담당하는 한 분야였고, 대학에서는 체육지도자를 길러내기 위한 직업훈련을 담당하고 있었다. 거기에 더해서 소련에서 1957년에 인류 최초의 인공위성 스푸트니크 1호를 발사함으로써 미국은 큰 충격을 받았기 때문에 기존의 경험중심

교육과정에서 학문중심교육과정으로 방향을 바꾸어가고 있는 중이었다.

1964년에 헨리(Henry, F. M.)가 "학문으로서의 체육"이라는 논문을 체육학회지에 게재한 것을 계기로 교육의 한 분야가 아닌 학문으로서의 체육의 토대가 마련되기 시작하였다.

헨리는 체육이 학문으로서 인정을 받으려면 ① 연구의 대상이 분명해야 하고, ② 연구방법이 체계적이어야 하며, ③ 체육만의 독특한 지식체계와 축적된 지식이 있어야 한다고 주장하였다. 그 후 많은 학자들이 체육학의 연구대상은 인간의 움직임(human movements)과 스포츠가 되어야 한다고 어느 정도 의견의 일치를 보면서 체육이라는 말 대신에 스포츠과학이라는 용어가 사용되기 시작하였다.

요즈음에 체육이라는 말 대신에 사용되는 단어들은 대부분 '스포츠를 연구대상으로 하는 학문'이라는 의미를 나타내려고 노력하고 있다. 예를 들어서 기능학(Kinesiology), 스포츠과학(Sport Science), 운동과학(Exercise Science), 인간움직임의 과학(Human Movement Science), 응용신체과학(Applied Physical Science) 등이 그것이다. 이 책의 제목을 체육교육이 아니고 스포츠교육이라고 한 것도 이와 같은 맥락이다.

❸ 스포츠교육학의 성립과 연구영역

1960년대와 1970년대에 체육의 학문화 운동이 활발하게 전개되면서 스포츠과학의 하위 학문·영역으로 운동생리학, 운동역학, 운동학습, 스포츠심리학 등이 만들어졌다.

그즈음 체육교육을 학문 연구분야의 하나로 발전시키려고 노력한 결과로 스포츠 가르치기(Sports Teaching and Coaching), 스포츠교육과정, 지도자교육(Teacher and Coach education) 등을 연구대상으로 하는 스포츠를 가르치는 학문이 스포츠과학의 하위 학문영역 중의 하나로 자리매김하였는데, 그 이름을 스포츠교육학(Sport Pedagogy)이라고 하였다.

그런데 스포츠 가르치기, 스포츠교육과정, 지도자교육이라고 하는 분야들은 연구적인 측면, 적용적인 측면, 실천적인 측면이 어우러져 있기 때문에 스포츠교육학 연구자들은 연구 · 코칭 · 실천을 병행해야 전문적인 능력을 발휘할 수 있다는 특징이 있다.

우리나라의 경우에는 아직까지 스포츠과학이 완전한 하나의 학문으로 자리매김하지 못하였다. 그러기 때문에 그 하부영역인 스포츠교육학에서도 자연히 학교체육으로서의 스포츠교육, 생활체육으로서의 스포츠교육, 전문체육으로서의 스포츠교육을 모두 취급하여야 된다.

제2장

스포츠교육의 정책과 제도

01 국민체육진흥법

❶ 국민체육진흥법의 제정 배경과 의의 ·······························

국민체육진흥법은 1962년 9월 17일에 국가재건최고회의에서 법률 제1146호로 공포된 후 10여 차례에 걸쳐서 개정되었다. 국민체육진흥법의 제정은 법적·제도적으로 본격적인 국민체육 시대를 여는 출발점이 되었고, 체육정책 전개의 기본 틀을 확립했다는 점에서 그 의미가 크다.

국민체육진흥법의 제정과 함께 국민체육진흥법시행령, 체육시설에 관한 법률 및 동 시행령, 그리고 단체규정으로서 민간단체의 정관 및 규정 등을 제정하였다. 그와 함께 교육법의 학교체육 관련 조항에 '체육발전을 위한 기부금에 관한 특례조항'을 두었고, 조세감면규제법에는 '체육에 관한 특례조항'을 두어 시행과정의 효율성을 도모했다.

국민체육진흥법은 제1장 총칙에서 국민체육진흥의 목적을 국민의 체력증진과 건전한 정신의 함양에 두고 있음을 명백히 밝히고, 이를 뒷받침하기 위한 제반 조치들을 제2장 체육진흥을 위한 조치에서 자세히 다루고 있다. 이와 같이 국민체육진흥법의 제정을 통해 국민의 체력증진에 대한 관심을 새롭게 제고해 국가와 지방자치단체가 체육진흥에 관한 시책을 강구하도록 했고 이를 효율적으로 해 나갈 수 있게 체육심의회를 구성하는 등 제도적 장치마련을 병행했다.

국민체육진흥법의 제정과 함께 체육의 날과 체육주간이 설정되었다. 국민의 체육정신을 고취하고 체육의 보급을 도모하기 위해 매년 체육의 날과 체육주간을 설정한다는 취지에 따라 국민의 체력증진을 위한 체육행사를 개최하게 되었고 이에 대비해 우수선수를 육성하는 등 각 단위별로 구체적인 체육진흥책을 마련하는 계기가 되었다.

국민체육진흥법은 지도자 양성의 중요성을 언급하고, 동 시행령을 통해 체육지도자의 양성과 자질 향상을 위한 조치를 취했다. 그밖에도 국제기준에 맞는 국립 종합경기장을 설치 운영하고, 체육용구의 생산을 장려하는데 필요한 조치를 강구할 수 있도록 했을 뿐만 아니라 국가가 지방자치단체와 체육단체, 그리고 민간 체육시설에 국고를 보조할 수 있도록 했다.

이 법은 국민체육을 진흥하여 국민의 체력을 증진하고 건전한 정신을 함양하여 명랑한 국민생활을 영위하게 하며, 나아가 체육을 통하여 국위선양에 이바지할 목적으로 제정하여 시행하고 있는 법률이다.

이 법이 학교체육진흥법 등 체육관련 법률 · 시행령 · 시행규칙 등의 모법이 되기 때문에 제2장의 맨 앞에서 취급하였다.

❷ 용어의 정의

» 체육이란 운동경기 · 야외활동 등 신체활동을 통하여 건전한 신체와 정신을 기르고 여가를 선용하는 것을 말한다.
» 전문체육이란 선수들이 행하는 경기활동을 말한다.
» 생활체육이란 건강과 체력 증진을 위하여 행하는 자발적이고 일상적인 체육활동을 말한다.
» 선수란 경기단체에 선수로 등록된 자를 말한다.
» 국가대표선수란 대한체육회, 대한장애인체육회 또는 경기단체가 국제경기대회에 우리나라 대표로 파견하기 위하여 선발 · 확정한 사람을 말한다.

» 학교란 초 · 중등교육법 및 고등교육법에 따른 학교를 말한다.

» 체육지도자란 학교 · 직장 · 지역사회 · 체육단체 등에서 체육을 지도할 수 있는 자를 말하고, 스포츠지도사, 건강운동관리사, 장애인스포츠 지도사, 유소년스포츠지도사, 노인스포츠지도사의 어느 하나 이상의 자격을 취득한 사람을 말한다.

» 운동경기부란 선수로 구성된 학교나 직장 등의 운동부를 말한다.

» 체육단체란 체육에 관한 활동이나 사업을 목적으로 설립된 법인이나 단체를 말한다.

» 도핑이란 선수의 운동능력을 강화시키기 위하여 문화체육관광부장관 이 고시하는 금지목록에 포함된 약물 또는 방법을 복용하거나 사용 하는 것을 말한다.

» 경기단체란 특정 경기종목에 관련된 활동과 사업을 목적으로 설립되 고 대한체육회나 대한장애인체육회에 가맹된 법인이나 단체 또는 문 화체육관광부장관이 지정하는 프로스포츠단체를 말한다.

❸ 국민체육(생활체육) 관련 사항

» 문화체육관광부장관은 국민체육진흥에 관한 기본시책을 수립 · 시행 하고, 지방자치단체의 장은 기본시책에 따라 그 지방자치단체의 체육 진흥계획을 수립 · 시행하여야 한다.

» 지방자치단체의 체육진흥계획을 수립하고, 그밖에 체육진흥에 관한 중요 사항을 협의하기 위하여 지방자치단체에 지역체육진흥협의회를 둘 수 있다.

» 지방자치단체는 지역주민의 건강과 체력증진을 위하여 건전한 체

육활동을 생활화할 수 있도록 시설 등 여건을 조성하고 지원하여야 한다.

» 국가와 지방자치단체는 직장체육 진흥에 필요한 시책을 마련하여야 하고, 직장의 장은 필요한 조치를 마련하여야 한다.

» 국가는 국민체육 진흥을 위한 체육지도자의 양성과 자질 향상을 위하여 필요한 시책을 마련하여야 하고, 문화체육관광부장관은 자격검정에 합격하고 연수과정을 이수한 사람에게 스포츠지도자의 자격증을 발급한다(자격을 취소 또는 정지시킬 수도 있다).

» 국가와 지방자치단체는 국민이 여가를 선용할 수 있도록 하기 위하여 여가체육활동의 육성 · 지원에 필요한 시책을 마련하여야 한다.

» 국가와 지방자치단체는 생활체육에 관한 국민들의 자발적 참여를 유도하고, 과학적 체력관리를 지원하기 위하여 생활체육 활동 및 체력의 인증에 필요한 시책을 마련하여야 한다.

» 국가와 지방자치단체는 국민체육 진흥을 위하여 체육용구 등의 생산 · 장려에 필요한 조치를 마련하여야 한다.

» 체육진흥에 필요한 시설비용, 체육인의 복지향상, 체육단체육성, 학교체육 및 직장체육 육성, 체육 · 문화 · 예술 전문 인력 양성 및 취약분야 육성 등에 필요한 경비를 지원하기 위하여 국민체육진흥기금을 설치한다.

» 서울올림픽 기념 국민체육진흥공단은 국민의 여가 체육 육성 및 체육진흥 등에 필요한 재원 조성을 위하여 체육진흥투표권(체육복권) 발행사업을 할 수 있다.

» 체육진흥에 관한 사업과 활동을 하게 하기 위하여 문화체육관광부장관의 인가를 받아 대한체육회, 대한장애인체육회, 한국도핑방지위원회, 서울올림픽 기념 국민체육진흥공단을 설립한다.

❹ 전문체육 관련사항

» 국가와 지방자치단체는 선수와 체육지도자에 대하여 필요한 보호와 육성을 해야 한다(표창제도, 우수선수와 체육지도자의 고용제도, 장려금지급제도 등).

» 국가는 국가대표선수 또는 지도자가 사망 또는 중증 장애를 입은 경우에 대한민국 체육유공자로 지정하고, 국가 유공자에 준하는 보상을 하여야 한다.

» 전문체육에 해당하는 운동경기의 선수·감독·코치·심판 및 경기단체의 임직원은 운동경기에 관하여 부정한 청탁을 받고 재물이나 재산상의 이익을 받거나 요구 또는 약속하여서는 아니 된다.

» 국가는 스포츠활동에서 약물 등으로부터 선수를 보호하고 공정한 경쟁을 통한 스포츠정신을 높이기 위하여 도핑방지를 위한 시책을 마련하여야 한다.

» 국민체육진흥기금을 선수와 체육지도자 양성을 위한 사업, 선수·체육지도자 및 체육인의 복지향상을 위한 사업에 사용할 수 있다.

» 대한체육회, 대한장애인체육회, 한국도핑방지위원회, 서울올림픽 기념 국민체육진흥공단 등의 각종 사업과 활동에는 전문체육 관련 내용이 다수 포함되어 있다.

❺ 학교체육 관련 사항

» 학교는 학생의 체력증진과 체육활동 육성에 필요한 조치를 마련하여야 한다.

» 국가는 회계연도마다 예산의 범위에서 지방자치단체와 학교 등에 대하여 체육진흥에 필요한 경비의 일부를 보조한다.

» 국민체육진흥기금을 학교체육 활성화를 위한 사업, 학교 및 직장의 운동경기부 활성화를 위한 사업에 사용할 수 있다.

02 학교체육

❶ 교육과정

교육과정은 초 · 중 · 고등학교 수업에 필요한 교육내용, 교수학습방법, 평가방법 등을 교육부에서 정해서 해당기관과 각급 학교에 교육부장관의 명의로 하달하는 공식문서를 말한다.

1955년에 제1차 교육과정을 공포한 이후 약 8년에 한 번씩 개정하였고, 최근에는 2015년에 교육과정을 개정 공포하였다.

다음은 2015년에 개정된 교육과정의 주요 내용을 발췌 · 요약한 것이다.

■ 추구하는 인간상

우리나라의 교육은 홍익인간의 이념 아래 모든 국민으로 하여금 인격을 도야하고, 자주적 생활능력과 민주시민으로서 필요한 자질을 갖추게 함으로써 인간다운 삶을 영위하게 하고, 민주국가의 발전과 인류공영의 이상을 실현하는 데에 이바지함을 목적으로 하고 있다.

이러한 교육이념과 교육목적을 바탕으로, 이 교육과정이 추구하는 인간상은 다음과 같다.

> » 전인적 성장을 바탕으로 자아 정체성을 확립하고 자신의 진로와 삶을 개척하는 자주적인 사람
> » 기초능력의 바탕 위에 다양한 발상과 도전으로 새로운 것을 창출하는 창의적인 사람
> » 문화적 소양과 다원적 가치에 대한 이해를 바탕으로 인류문화를 향유하고 발전시키는 교양 있는 사람
> » 공동체 의식을 가지고 세계와 소통하는 민주시민으로서 배려와 나눔을 실천하는 더불어 사는 사람

■ 중점적으로 기르고자 하는 핵심역량

이 교육과정이 추구하는 인간상을 구현하기 위해 교과교육을 포함한 학교교육 전 과정을 통해 중점적으로 기르고자 하는 핵심역량은 다음과 같다.

> » 자아정체성과 자신감을 가지고 자신의 삶과 진로에 필요한 기초능력과 자질을 갖추어 자기 주도적으로 살아갈 수 있는 자기관리 역량
> » 문제를 합리적으로 해결하기 위하여 다양한 영역의 지식과 정보를 처리하고 활용할 수 있는 지식정보처리 역량
> » 폭넓은 기초지식을 바탕으로 다양한 전문 분야의 지식, 기술, 경험을 융합적으로 활용하여 새로운 것을 창출하는 창의적 사고 역량
> » 인간에 대한 공감적 이해와 문화적 감수성을 바탕으로 삶의 의미와 가치를 발견하고 향유하는 심미적 감성 역량

» 다양한 상황에서 자신의 생각과 감정을 효과적으로 표현하고 다른 사람의 의견을 경청하며 존중하는 의사소통 역량

» 지역 · 국가 · 세계 공동체의 구성원에게 요구되는 가치와 태도를 가지고 공동체 발전에 적극적으로 참여하는 공동체 역량

■ 학교 급별 교육목표

➔ 초등학교

초등학교 교육은 학생의 일상생활과 학습에 필요한 기본습관 및 기초능력을 기르고 바른 인성을 함양하는 데에 중점을 둔다.

» 자신의 소중함을 알고 건강한 생활습관을 기르며, 풍부한 학습 경험을 통해 자신의 꿈을 키운다.

» 학습과 생활에서 문제를 발견하고 해결하는 기초능력을 기르고, 이를 새롭게 경험할 수 있는 상상력을 키운다.

» 다양한 문화활동을 즐기고 자연과 생활 속에서 아름다움과 행복을 느낄 수 있는 심성을 기른다.

» 규칙과 질서를 지키고 협동정신을 바탕으로 서로 돕고 배려하는 태도를 기른다.

➔ 중학교

중학교 교육은 초등학교 교육의 성과를 바탕으로, 학생의 일상생활과 학습에 필요한 기본능력을 기르고 바른 인성 및 민주시민의 자질을 함양하는 데에 중점을 둔다.

» 심신의 조화로운 발달을 바탕으로 자아존중감을 기르고, 다양한 지식

과 경험을 통해 적극적으로 삶의 방향과 진로를 탐색한다.

» 학습과 생활에 필요한 기본능력 및 문제 해결력을 바탕으로, 도전정신과 창의적 사고력을 기른다.

» 자신을 둘러싼 세계에서 경험한 내용을 토대로 우리나라와 세계의 다양한 문화를 이해하고 공감하는 태도를 기른다.

» 공동체 의식을 바탕으로 타인을 존중하고 서로 소통하는 민주시민의 자질과 태도를 기른다.

➔ 고등학교

고등학교 교육은 중학교 교육의 성과를 바탕으로, 학생의 적성과 소질에 맞게 진로를 개척하여 세계와 소통하는 민주시민으로서의 자질을 함양하는 데에 중점을 둔다.

» 성숙한 자아의식과 바른 품성을 갖추고, 자신의 진로에 맞는 지식과 기능을 익히며 평생학습의 기본 능력을 기른다.

» 다양한 분야의 지식과 경험을 융합하여 창의적으로 문제를 해결하고, 새로운 상황에 능동적으로 대처하는 능력을 기른다.

» 인문 · 사회 · 과학기술 소양과 다양한 문화에 대한 이해를 바탕으로 새로운 문화 창출에 기여할 수 있는 자질과 태도를 기른다.

» 국가공동체에 대한 책임감을 바탕으로 배려와 나눔을 실천하며 세계와 소통하는 민주시민으로서의 자질과 태도를 기른다.

■ 체육과의 성격 · 목표 및 내용체계

➜ 초등학교 · 중학교

체육과는 신체활동을 통해 체력 및 운동능력을 비롯한 건강하고 활기 찬 삶에 필요한 능력을 기르고 사회 속에서 바람직한 인성을 발휘함으로써 자신의 삶을 개척하고 체육문화를 창조적으로 계승 · 발전시킬 수 있는 자질을 함양하는 교과이다.

체육교과는 신체활동 가치의 내면화와 실천을 통해 체육과의 역량을 습득함으로써 전인교육을 실현하고자 한다. 즉 신체활동을 통하여 활기차고 건강한 삶에 필요한 핵심역량을 습득함으로서 스스로 미래의 삶을 개척하고 바람직한 사회인으로 살아갈 수 있는 지식 · 기능 · 태도를 기르는 것을 목표로 한다.

➜ 고등학교

고등학교 체육은 중학교에서 학습한 내용을 바탕으로 운동, 스포츠 등에 대한 보다 심화된 신체활동 지식을 습득하고, 체육에 대한 긍정적 안목과 평생체육으로서의 실천 능력을 함양하는 과목이다.

고등학교 체육과목은 체육활동의 생활화를 통한 전인교육을 목표로 한다. 즉 체육과목에서는 고등학생들이 신체활동을 바탕으로 하여 건강을 유지 · 증진하고 운동기능 및 체력을 기르며 체육의 이론적 지식과 태도를 습득함으로서 체육과에서 추구하는 핵심역량을 함양하고 체 · 지 · 덕이 통합된 전인교육을 받을 수 있도록 한다.

▶ 표 2-1 체육교과의 개념체계

영역	핵심 개념(초/중/고등학교)
건강	건강관리, 체력증진, 여가선용, 자기관리
도전	도전의 의미, 목표설정, 신체·정신수련, 도전정신
경쟁	경쟁의 의미, 상황판단, 경쟁·협동·수행, 대인관계
표현	표현의 의미, 표현양식, 표현창작, 감상·비평
안전	신체안전, 안전관리

▶ 표 2-2 현행 체육교과의 내용체계

영역	중학교 1~3학년군		
건강 활동	건강과 환경 » 건강의 이해 및 증진 » 약물과 기호품 » 자기조절	건강과 체력 » 체력의 이해 및 증진 » 성(性)의 이해와 성폭력 » 안전사고와 예방 » 자기존중	건강과 안전 » 운동처방 » 구급처치 및 운동상해 » 재난과 안전 » 실천의지력
도전 활동	기록 도전 » 역사 및 과학적 원리 » 경기 방법과 기능 » 스포츠의 비교 및 감상 » 인내심	동작 도전 » 역사 및 과학적 원리 » 경기 방법과 기능 » 스포츠의 비교 및 감상 » 자신감	표적/투기 도전 » 역사 및 과학적 원리 » 경기 방법과 기능 » 스포츠의 비교 및 감상 » 문제해결력
경쟁 활동	영역형 경쟁 » 역사 및 과학적 원리 » 경기의 수행 및 창의적 　전략 » 스포츠의 비교 및 감상 » 페어플레이	필드형 경쟁 » 역사 및 과학적 원리 » 경기의 수행 및 창의적 　전략 » 스포츠의 비교 및 감상 » 팀워크	네트형 경쟁 » 역사 및 과학적 원리 » 경기의 수행 및 창의적 　전략 » 스포츠의 비교 및 감상 » 배려와 존중
표현 활동	심미 표현 » 특성과 유형 » 표현방법 » 창의적 표현 및 감상 » 독창성	현대 표현 » 역사와 유형 » 표현방법 » 창의적 표현 및 감상 » 열정	전통 표현 » 역사와 유형 » 표현방법 » 창의적 표현 및 감상 » 다문화 존중

② 학교체육진흥법 ....

이 법은 학생의 체육활동 강화 및 학교운동부 육성 등 학교체육 활성화에 필요한 사항을 정함으로써 학생들이 건강하고 균형 잡힌 신체와 정신을 가질 수 있도록 하는 데에 기여할 목적으로 제정한 법률이다. 이 법에서 정하고 있는 주요사항을 발췌하면 다음과 같다.

이 법에서 사용하는 용어의 뜻은 다음과 같다.

» 학교체육이란 학교에서 학생을 대상으로 이루어지는 체육활동을 말한다.

» 학교란 유아교육법에서 정하는 유치원과 초·중등교육법에서 정하는 학교를 말한다.

» 학교운동부란 학생선수로 구성된 학교 내의 운동부를 말한다.

» 학생선수란 학교운동부에 소속되어 운동하는 학생이나 국민체육진흥법에 따른 체육단체에 등록되어 선수로 활동하는 학생을 말한다.

» 학교스포츠클럽이란 체육활동에 취미를 가진 같은 학교의 학생들로 구성되어 학교가 운영하는 스포츠클럽을 말한다.

» 학교운동부지도자란 학교에 소속되어 학교운동부를 지도·감독하는 사람을 말한다.

» 스포츠강사란 초등학교에서 정규체육수업 보조 및 학교스포츠클럽을 지도하는 체육 전문강사를 말한다.

■ **주요 내용**

» 교육부장관은 문화체육관광부장관과 협의하여 학교체육 진흥에 관한 기본시책을 5년마다 수립·시행해야 하고. 지방자치단체의 장과 시·도교육감은 기본시책에 따라 학교체육 진흥계획을 수립·시행하여야 한다.

» 학교의 장은 체육교육과정 운영 충실 및 체육수업의 질 제고, 학생건강체력평가, 학교스포츠클럽 및 학교운동부 운영, 학생선수의 학습권 보장 및 인권보호, 여학생 체육활동 활성화, 유아 및 장애학생의 체육활동 활성화 등을 위하여 적절한 조치를 취해야 한다.

» 국가 및 지방자치단체는 학생의 체육활동에 필요한 기반시설을 확충하고, 학교의 장은 학생의 체육활동 진흥에 필요한 교재 및 기자재, 용품 등을 확보해야 한다.

» 학교의 장은 학생건강 체력평가를 매년 실시해야 하고, 그 결과를 학생과 학부모에게 통보하여야 하며, 저체력 또는 비만 판정을 받은 학생을 대상으로 건강체력 교실을 운영하여야 한다.

» 학교의 장은 학교스포츠클럽을 운영해야 하고, 전담교사를 지정해야 한다.

» 학교의 장은 학생선수가 최저학력에 도달하지 못한 경우에는 별도의 기초학력 보장 프로그램을 운영해야 하고, 필요할 경우 경기대회 출전을 제한할 수 있다.

» 학교운동부 지도자를 둘 수 있고, 국가 및 지방자치단체는 학교운동부 지도자의 급여를 지원하도록 노력해야 한다.

» 국가 및 지방자치단체는 학생의 체육수업 흥미 제고 및 체육활동 활성화를 위하여 초등학교에 스포츠강사를 배치할 수 있다.

■ 학생선수의 최저학력의 기준

❖ 과목······ 초·중학교　☞ 국어·영어·수학·사회·과학

　　　　　고등학교　　☞ 국어·영어·수학

❖ 최저점수······학생선수가 속한 학교의 해당 학년 학생 전체의 해당 과목 평균성적에 다음의 비율을 곱한 점수

> 초등학교 － 100분의 50
> 중 학 교 － 100분의 40
> 고등학교 － 100분의 30

❖ 학교운동부 지도자의 자격······국민체육진흥법에 따른 체육지도자 중에서 임용한다.

❖ 스포츠강사의 자격······국민체육진흥법에 따른 체육지도자 중에서 1년 단위로 임용한다.

❖ 학생건강체력평가의 위탁······학생건강체력평가의 시기, 방법, 평가항목 － 평가결과 등록 및 학생건강체력평가를 위탁받을 수 있는 대학이나 전문기관·단체 등의 자격요건에 필요한 사항은 교육부령으로 정한다.

• 고등교육법 제2조 제1호에 따른 대학 및 같은 조 제4호에 따른 전문대학 중 체육계열학과를 운영하는 학교

• 학교체육진흥중앙위원회 또는 학교체육진흥지역위원회의 심의를 거쳐 선정한 기관 또는 단체

▶ 표 2-3 　학교체육진흥법의 주요 내용

법조문	표제	주요 내용
제3조	학교체육 진흥시책과 권장	국가 및 지방자치단체의 장(교육감을 포함한다)은 학교체육 진흥에 필요한 시책을 마련하고 학생의 자발적인 체육활동을 권장·보호 및 육성하여야 한다.
제4조	기본시책의 수립 등	교육부장관은 문화체육관광부장관과 협의하여 학교체육 진흥에 관한 기본시책을 5년마다 수립·시행한다.
제5조	협조	교육부장관과 문화체육관광부장관은 제4조에 따른 시책을 수립·시행하기 위하여 필요한 경우 지방자치단체의 장, 교육감 및 관계 기관 또는 단체의 장에게 협조를 요청할 수 있다.
제6조	학교체육 진흥의 조치 등	학교의 장은 학생의 체력증진과 체육활동 활성화를 위하여 다음 각 호의 조치를 취하여야 한다. 1. 체육교육과정 운영 충실 및 체육수업의 질 제고 2. 제8조에 따른 학생건강체력평가 및 제9조에 따라 비만 판정을 받은 학생에 대한 대책 3. 제10조에 따른 학교스포츠클럽 및 제11조에 따른 학교운동부 운영 4. 학생선수의 학습권 보장 및 인권보호 5. 여학생 체육활동 활성화 6. 유아 및 장애학생의 체육활동 활성화 7. 학교체육행사의 정기적 개최 8. 학교 간 경기대회 등 체육 교류활동 활성화 9. 교원의 체육 관련 직무연수 강화 및 장려 10. 그밖에 학교체육 활성화를 위하여 필요한 사항
제7조	학교 체육시설 설치 등	국가 및 지방자치단체의 장은 학생의 체육활동에 필요한 운동장, 체육관 등 기반시설을 확충하여야 한다.
제8조	학생건강체력평가 실시계획의 수립 및 실시	국가는 학생의 건강체력 상태를 측정하기 위하여 매년 3월 말까지 학생건강체력평가 실시계획을 수립하고 학교의 장은 실시계획에 따라 학생건강체력평가를 실시하여야 한다.

❸ 체육교사 ···

체육교사는 초등학교·중학교·고등학교 등에서 체육수업을 담당하고, 체육과 관련된 여러 가지 활동을 지도·감독하는 사람을 말하고, 반드시 교사 자격증을 소지하고 있어야 한다.

■ 초등학교 체육전담교사

초등학교 정교사 자격증이 있는 사람 중에서 초등학교 교사 임용시험에 합격하면, 시·도교육청장이 관내 초등학교로 발령을 한다. 발령을 받은 사람 중에서 해당 학교장으로부터 초등체육전담교사의 역할을 명령받은 사람이 초등학교 체육전담교사의 역할을 하게 된다.

초등학교 담임교사 중 체육수업을 담당하기 어려운 교사 대신에 체육수업을 해줌으로써 초등학교 체육수업의 질을 향상시킨다는 취지에서 도입된 제도이다. 대개 주당 20시간 내외의 체육수업을 담당하고, 본인의 희망과 해당학교의 사정에 따라 체육전담교사를 계속할 수도 있고 담임교사 등 다른 역할로 전환할 수도 있다.

■ 중·고등학교 체육교사

중등학교 체육정교사 자격증이 있는 사람 중에서 중등교사 임용시험에 합격하면, 시·도교육청장이 관내 중학교 또는 고등학교로 발령을 한다. 교장이나 교감으로 승진하는 경우를 제외하고, 주당 18시간 내외의 체육

수업을 중학교 또는 고등학교에서 담당한다.

■ 스포츠강사

전문대학 또는 대학의 체육관련 학과를 졸업한 사람 중에서 초등학교 2급 정교사, 중등학교 체육 2급 정교사 자격증, 실기교사 자격증, 생활체육 3급 이상의 지도자 자격증을 가지고 있는 사람이어야 스포츠강사로 임용될 수 있다.

초등학교는 교육지원청에서 선발공고를 거쳐서 선발하고, 중·고등학교는 개별 학교에서 선발공고를 거쳐서 선발한다. 초등학교와 중·고등학교에서 원하는 특정 종목의 스포츠활동을 효과적으로 지원하려는 취지에서 도입된 제도이고, 스포츠강사는 아래의 표와 같은 역할을 담당할 수 있다.

▶ 표 2-4   스포츠강사의 역할

> » 체육수업의 보조(담임교사 또는 체육교사의 체육수업을 돕는다.)
> » 안전관리, 시설관리, 교구관리
> » 학생건강체력평가 업무의 보조
> » 체육대회 등 체육관련 행사의 지원업무
> » 학교스포츠클럽의 지도
> » 방학 중 체육 프로그램의 운영
> » 기타(담당교사와 협의된 사항)

❹ 학교스포츠클럽활동

학교스포츠클럽이란 학교체육진흥법에 따라 체육 활동에 취미를 가진 같은 학교의 학생으로 구성되어 학교가 운영하는 스포츠클럽을 말하고, 학생들의 인성교육과 학교폭력을 예방하기 위해서 방과 후 또는 (휴업)토요일에 실시해오던 스포츠클럽활동을 정규 수업 시간인 '체육 시간'과 '창의적인체험활동 시간'을 활용하여 실시하는 것이다.

중·고등학교에서는 다양한 학교스포츠클럽 활동을 교과목으로 개설해 운영할 수 있고, 초·중·고 학생들이 방과 후 학교스포츠클럽 활동에 참여하면 창의적 체험활동을 이수한 것으로 인정받는다.

창의적 체험활동은 초·중·고등학교 학생들이 건전하고 다양한 집단 활동에 자발적으로 참여하여 나눔과 배려를 실천함으로써 공동체 의식을 함양하고 개인의 소질과 잠재력을 계발·신장하여 창의적인 삶의 태도를 기르는 것을 목표로 실시하는 교과 이외의 활동을 말한다.

창의적 체험활동은 자율 활동, 동아리 활동, 봉사 활동, 진로 활동의 4개 영역으로 구성하되, 학생의 발달 단계와 교육적 요구 등을 고려하여 학교별, 학년별, 학기별로 영역 및 활동을 선택하여 집중적으로 운영할 수 있다.

❖ **자율 활동**……특색 있는 활동에 자율적으로 참여하여 일상의 문제를 합리적이고 창의적으로 해결할 수 있는 능력을 기른다.

❖ **동아리 활동**……동아리에 자발적으로 참여하여 소질과 적성을 계발하고 일상의 삶을 풍요롭게 가꾸어 나갈 수 있는 심미적 감성을 기른다.

❖ **봉사 활동**……나눔과 배려를 실천하고 환경을 보존하는 생활 습관을 형성하여 더불어 사는 삶의 가치를 체득한다.

❖ **진로 활동**……흥미·소질·적성을 파악하여 자아 정체성을 확립하고, 자신의 진로를 개발하여 지속적으로 발전시킨다.

03 생활체육

❶ 국민체육 진흥정책

　　박근혜 정부가 출범하면서 스포츠를 마음껏 일상적으로 100세까지 즐겨서 건강하고 행복한 대한민국을 건설하자는 뜻에서 스마일 100이라는 구호를 제시하였다.

■ 언제나 참여할 수 있는 기회 제공

» 좋은 시설 · 편리한 정보보다 참여동기가 중요하다고 보고 전국 68개 거점도시에 체력센터를 설치하여 체력측정 및 운동처방을 해줌으로써 과학적으로 체력을 관리하여 국민들이 생활체육에 자발적으로 참여하도록 유도한다.

» 직장인들이 항시 스포츠에 참여할 수 있도록 유도하기 위하여 체력 및 건강진단, 운동상담 등을 지원한다.

» 노인 복지시설을 방문하여 체력측정 및 운동처방에 관한 서비스를 제공한다.

■ 어디서나 이용 가능한 시설 제공

» 어디서든지 이용 가능한 체육시설 환경을 제공한다.

» 체육시설을 건립할 부지가 모자라므로 체육시설의 효율성을 높인다.

» 국가와 지방자치단체는 체육시설 배치계획을 수립 · 시행하여야 하고, 작은체육관(경로당, 동네의 지역사회 공간, 폐교, 파출소 등)을 활성화하여 주민의 접근성을 높인다.

■ 누구나 부담없이 체육활동을 할 수 있는 환경 조성

» 체육지도자를 확대 배치하여 원하는 사람은 누구나 지도를 받을 수 있는 기회를 제공한다.

» 유소년 스포츠지도사를 어린이집과 유치원 등에 파견하고, 노인복지관과 주민자치센터 등에 노인스포츠지도사를 배치하여 순회 지도를 실시한다.

» 국민들이 생활체육콜센터를 통해서 주변의 가까운 체육시설을 확인하고, 건강체력관리법에 관한 다양한 정보를 손쉽게 얻을 수 있도록 한다.

■ 세대와 문화를 넘어 함께 참여하는 생활체육

» 지역 단위의 어울림 프로그램을 활성화하여 함께 참여하고 공감하는 생활체육 환경을 조성한다.

» 종합형 스포츠클럽을 육성하여 한곳에서 다양한 종목 및 프로그램에 참여할 수 있도록 거점을 구축하고, 회원이 주인이 되어 자율적으로 운영하는 시스템을 마련한다.

» 지역의 축제와 연계하여 생활체육 한마당을 개최하고, 마을 단위 생활체육 대회를 개최하여 함께 어우러져 공감하는 문화를 조성해나간다.

▶ 표 2-5   생활체육에 관련된 국민체육진흥법의 주요 내용

법조문	표제	주요 내용
제2조	정의	3. '생활체육'이란 건강과 체력 증진을 위하여 행하는 자발적이고 일상적인 체육활동을 말한다. 6. '체육지도자'란 학교 · 직장 · 지역사회 또는 체육단체 등에서 체육을 지도할 수 있도록 이 법에 따라 다음 각 목의 어느 하나에 해당하는 자격을 취득한 사람을 말한다.(가. 스포츠지도사, 나. 건강운동관리사, 다. 장애인스포츠지도사, 라. 유소년스포츠지도사, 마. 노인스포츠지도사) 7. '체육동호인조직'이란 같은 생활체육 활동에 지속적으로 참여하는 자의 모임을 말한다.
제10조	직장 체육의 진흥	① 국가와 지방자치단체는 직장체육 진흥에 필요한 시책을 마련하여야 한다. ② 직장의 장은 대통령으로 정하는 바에 따라 체육동호인조직과 체육진흥관리위원회를 설치하는 등 직장인의 체력 증진과 체육 활동 육성에 필요한 조치를 마련하여야 한다. ③ 대통령으로 정하는 직장에는 직장인의 체력 증진과 체육 활동 지도 · 육성을 위하여 체육지도자를 두어야 한다. ④ "공공기관의 운영에 관한 법률"에 따른 공공기관 중 대통령으로 정하는 기관(이하 "공공기관"이라 한다)과 대통령으로 정하는 직장에는 한 종목 이상의 운동경기부를 설치 · 운영하고 체육 지도자를 두어야 한다. ⑤ 제2항부터 제4항까지의 규정에 따른 직장체육에 관한 업무는 시장 · 군수 · 구청장(자치구의 구청장을 말한다)이 지도 · 감독한다.
제11조	체육 지도자의 양성	① 국가는 국민체육진흥을 위한 체육지도자의 양성과 자질 향상을 위하여 필요한 시책을 마련해야 한다. ② 문화체육관광부장관은 자격요건을 갖춘 사람으로서 체육지도자 자격검정에 합격하고 체육지도자 연수과정을 이수한 사람에게 체육지도자 자격증을 발급한다.
제12조	체육 지도자의 자격취소 등	문화체육관광부장관은 체육지도자 자격증을 발급받은 사람이 다음 각 호 중 어느 하나에 해당하는 경우에 그 자격을 취소하여야 한다. 1. 거짓이나 그밖의 부정한 방법으로 체육지도자의 자격을 취득한 경우 2. 자격정지 기간 중에 업무를 수행한 경우 3. 체육지도자 자격증을 타인에게 대여한 경우 4. 체육지도자의 결격 사유 중 하나에 해당하는 경우
제13조	체육 시설의 설치 등	① 국가와 지방자치단체의 장은 국민의 체육활동에 필요한 시설의 적정한 확보와 이용에 필요한 시책을 마련하여야 한다. ② 국가와 지방자치단체의 장은 장애인 체육활동에 필요한 시설의 설치와 운영에 필요한 시책을 마련하여야 한다. ③ 직장의 장은 종업원의 체육활동에 필요한 시설을 설치 · 운영하여야 하며, 학교의 체육시설은 학교 교육에 지장이 없는 범위에서 지역 주민에게 개방 · 이용되어야 한다. ④ 국가와 지방자치단체의 장은 민간의 체육시설 설치를 권장하고 건전하게 운영되도록 하여야 한다. ⑤ 제1항부터 제4항까지의 규정에 따른 체육시설의 설치 · 이용 등에 필요한 사항은 따로 법률로 정한다.

| 제16조의 2 | 생활체육 활동 및 체력 인증 | ① 국가 및 지방자치단체의 장은 생활체육에 관한 국민의 자발적 참여를 유도하고 과학적 체력관리를 지원하기 위하여 생활체육 활동 및 체력에 대한 인증에 필요한 시책을 마련하여야 한다.
② 문화체육관광부장관은 인증 업무의 전문성과 신뢰성을 확보하기 위하여 대통령령으로 정하는 지정 기준에 따라 인증기관을 지정할 수 있다.
③ 문화체육관광부장관은 제2항에 따른 인증기관에 대하여 인증업무 수행 및 운영에 필요한 경비를 예산의 범위에서 지원할 수 있다. |

■ 걸림돌없이 즐기는 생활체육

» 우수 체육시설 인증 제도를 도입하고, 생애주기별 · 선호도 · 신체나이에 부합하는 생활체육프로그램을 제공한다.
» 유소년에게 알맞은 프로그램을 개발 · 보급하여 올바른 운동습관을 형성하게 한다.
» 출산 · 육아 여성을 대상으로 찾아가는 생활체육 지도 서비스제도를 운영한다.
» 매일 아침저녁으로 TV 체조 강좌를 방영하고, 일상활동에서 활용할 수 있는 건강체조나 댄스스포츠와 같은 노인 맞춤형 프로그램을 보급한다.

2 생활스포츠지도사

국민체육진흥법 · 시행령 · 시행규칙에서 규정하고 있는 생활스포츠지도사 관련 내용을 요약하면 아래 표와 같다.

▶ 표 2-6   생활스포츠지도사 관련 내용

항목	내 용
정의	» '스포츠지도사'란 전문체육이나 생활체육을 지도하는 사람을 말한다. » '건강운동관리사'란 개인의 체력적 특성에 적합한 운동형태, 강도, 빈도, 시간 등 운동수행방법을 지도·관리하는 사람을 말한다. » '장애인스포츠지도사'란 장애 유형에 따른 운동방법 등에 대한 지식을 갖추고, 장애인을 대상으로 전문체육이나 생활체육을 지도하는 사람을 말한다. » '유소년스포츠지도사'란 유소년(만 3세부터 중학교 취학 전까지)의 행동양식·신체발달 등에 대한 지식을 갖추고, 유소년을 대상으로 체육을 지도하는 사람을 말한다. » '노인스포츠지도사'란 노인의 신체적·정신적 변화 등에 대한 지식을 갖추고, 노인을 대상으로 생활체육을 지도하는 사람을 말한다.
분류	» 생활스포츠지도사는 1급과 2급으로 구분한다. » 2급 생활스포츠지도사는 자격검정에 합격하고 연수과정을 이수한 사람으로 한다. » 1급 생활스포츠지도사는 2급 생활스포츠지도사 자격을 취득한 후 3년 이상 해당 종목의 지도경력이 있는 사람으로서 동일종목의 자격검정에 합격하고 연수과정을 이수한 사람으로 한다.
자격 종목 / 생활 (54종목)	검도, 게이트볼, 골프, 복싱, 농구, 당구, 라켓볼, 럭비, 레슬링, 레크리에이션, 리듬체조, 배구, 배드민턴, 보디빌딩, 볼링, 빙상, 자전거, 등산, 세팍타크로, 수상스키, 수영, 스킨스쿠버, 스쿼시, 스키, 승마, 씨름, 야구, 에어로빅, 오리엔티어링, 요트, 우슈, 윈드서핑, 유도, 인라인스케이트, 정구, 조정, 축구, 카누, 탁구, 태권도, 테니스, 행글라이딩, 궁도, 댄스스포츠, 사격, 아이스하키, 육상, 족구, 철인 3종 경기, 패러글라이딩, 하키, 핸드볼, 풋살, 파크골프, 그밖에 문화체육관광부장관이 인정하여 고시하는 종목
	유소년 (57종목) / 생활스포츠지도사의 자격종목 및 줄넘기, 플라잉디스크, 피구, 그밖에 문화체육관광부장관이 인정하여 고시하는 종목
	노인 (55종목) / 생활스포츠지도사의 자격종목 및 그라운드 골프, 그밖에 문화체육관광부장관이 인정하여 고시하는 종목
	장애인 (34종목) / 공수도, 골볼, 농구, 레슬링, 론볼, 배구, 배드민턴, 보치아, 볼링, 사격, 사이클, 수영, 승마, 양궁, 역도, 오리엔티어링, 요트, 유도, 육상, 조정, 축구, 카누, 탁구, 테니스, 트라이애슬론, 핸드볼, 댄스스포츠, 럭비, 펜싱, 스노보드, 아이스하키, 알파인스키, 바이애슬론, 크로스컨트리, 컬링, 그밖에 문화체육관광부장관이 인정하여 고시하는 종목
응시자격	» 스포츠지도사의 자격은 18세 이상인 사람에게 부여한다.
자격점정이나 연수과정의 일부 면제	» 생활스포츠지도사가 다른 종목의 동급 자격을 취득하려는 경우 필기시험 및 연수과정을 면제한다. » 생활스포츠지도사가 같은 종목의 동급 전문체육지도사의 자격을 취득하려는 경우 필기시험 및 연수과정의 일부를 면제한다.

❖ 문제점……생활체육지도사 자격증을 획득하여야 동호인 클럽 등에서 생활체육을 지도할 수 있기 때문에, 대학의 체육관련학과 모두가 생활체육지도사 자격 시험에 대비하는 입시학원처럼 운영되고 있는 것이 현실이다.

③ 직장체육 진흥정책

국민체육진흥법과 학교체육진흥법에서 규정한 동호인조직을 의무적으로 설치하고, 상시 근무하는 체육지도자를 두어야 하는 직장은 직원이 1천 명 이상인 국가기관과 공공단체이다.

▶ 표 2-7 생활체육에 관련된 국민체육진흥법의 주요 내용

법조문	표제	주요 내용
제7조	직장 체육의 진흥을 위한 조치	① 법 제10조제2항 및 제3항에 따라 체육동호인조직과 체육진흥관리위원회를 설치하고 체육지도자(체육동호인에게 생활체육을 지도할 수 있는 자격이 있는 체육지도자로 한정한다)를 두어야 하는 직장은 상시 근무하는 직장인이 1천 명 이상인 국가기관과 공공단체로 한다. ② 법 제10조제4항에 따라 한 종목 이상의 운동경기부를 설치·운영하고 체육지도자(운동경기부의 선수에게 전문체육을 지도할 수 있는 자격이 있는 체육지도자로 한정한다)를 두어야 하는 공공기관 및 직장은 상시 근무하는 직장인이 1천 명 이상인 공공기관(「공공기관의 운영에 관한 법률」에 따른 공공기관을 말한다. 이하 같다)과 공공단체로 한다. ③ 제1항이나 제2항에 해당하는 공공기관 및 지역을 달리하여 사무실이나 사업장을 가지고 있는 경우에는 체육지도자·운동경기부를 1개의 사무실이나 사업장에만 배치하거나 설치할 수 있다. ④ 제1항과 제2항에 따른 공공기관 및 직장의 장은 운동경기부와 체육동호인조직의 활동을 위한 시설을 제공하고 필요한 경비를 지원하여야 하며, 연 1회 이상 직장체육대회와 직장대항 경기대회를 개최하여야 한다.

해당하는 직장에서는 운동경기부와 체육동호인 조직의 활동을 위한 시설을 제공하고 경비를 지원해야 하며, 1년에 1회 이상 직장체육대회와 직장대항 경기대회를 개최하여야 한다.

» 직장인의 체력 및 건강진단, 운동상담, 지도 등을 지원한다.

» 직장의 틈새시간에 체육지도자를 파견하여 직장체육 활성화를 유도한다.

» 생활체육 동호인조직은 회원 중심의 자율운영 시스템을 기반으로 다양한 종목과 프로그램에 참여할 수 있는 종합형 스포츠클럽을 229개 소로 확대한다.

❹ 소외계층 체육진흥 정책

국민생활체육활동 참여 실태조사 결과 저소득층, 주부, 노인 등은 생활체육 활동에 참여하는 비율이 낮게 나타났다.

이와 같은 소외 계층을 위해서

» 스포츠 프로그램과 스포츠 용품을 갖춘 스포츠 버스를 제작해서 움직이는 체육관과 '작은 운동회'를 운영함으로써 스포츠활동에 참여할 수 있는 기회를 제공한다.

» 불우아동 · 청소년 · 소외계층 등을 대상으로 하는 '행복나눔 스포츠교실'을 680개 소로 늘리고, 스포츠바우처 강좌를 53,000명까지 확대한다.

» 다세대 · 다계층 · 다문화가 어우러진 '어울림 스포츠 광장'을 1,000개 소로 확대한다.

04 전문체육

① 국민체육진흥기금 지원

국민체육진흥기금으로 통합체육회, 종목별 경기난체, 경기력 향상을 위한 선수 및 지도자 육성사업, 체육인 복지사업 등을 지원함으로써 전문체육을 체계적으로 육성하여 대한민국이 세계 10위권의 스포츠강국으로 자리 매김할 수 있도록 여건을 조성하고 있다.

주요 지원사업은 다음과 같다.

» 통합체육회의 운영 및 각종 사업비 지원

» 가맹 경기단체 지원

» 후보 선수 육성 및 비인기 종목 활성화 사업 지원

» 각종 국내대회 지원

» 체육인 복지사업(경기력 향상 연금, 경기지도자 연구비, 장애연금, 체육장학금, 선수지도자 보호 지원금, 특별보조금, 국외유학 지원금, 복지후생 비용)의 지원

▶ 표 2-8 전문체육에 관련된 국민체육진흥법의 주요 내용

법조문	표제	주요 내용
제2조	정의	2. '전문체육'이란 선수들이 행하는 운동경기 활동을 말한다. 4. '선수'란 경기단체에 선수로 등록된 자를 말한다. 4의2. '국가대표선수'란 대한체육회, 대한장애인체육회 또는 경기단체가 국제경기대회(친선경기대회는 제외한다)에 우리나라의 대표로 파견하기 위하여 선발·확정한 사람을 말한다. 8. '운동경기부'란 선수로 구성된 학교나 직장 등의 운동부를 말한다. 10. '도핑'이란 선수의 운동능력을 강화시키기 위하여 문화체육관광부장관이 고시하는 금지목록에 포함된 약물 또는 방법을 복용하거나 사용하는 것을 말한다.
제14조	선수 등의 보호·육성	① 국가와 지방자치단체는 선수와 체육지도자에 대하여 필요한 보호와 육성을 하여야 한다. ② 국가와 지방자치단체는 우수 선수와 체육지도자 육성을 위하여 필요한 표창제도를 마련하여야 한다. ③ 국가, 지방자치단체, 공공기관, 그밖에 대통령령으로 정하는 단체는 대통령령으로 정하는 우수 선수에게 아마추어 경기 생활을 할 수 있게 하기 위하여 문화체육관광부장관이 요청하면 우수 선수와 체육지도자를 고용하여야 한다. ④ 국가는 올림픽대회, 장애인올림픽대회, 그밖에 대통령령으로 정하는 대회에서 입상한 선수 또는 그 선수를 지도한 자와 체육진흥에 뚜렷한 공이 있는 원로 체육인에게 대통령령으로 정하는 바에 따라 장려금이나 생활보조금을 지급하여야 한다.
제14조의 2	대한민국체육유공자의 보상	① 국가는 국가대표선수 또는 국가대표선수를 지도하는 사람이 국제경기대회의 경기, 훈련 또는 이를 위한 지도 중에 사망 또는 중증장애를 앓은 경우에 그 선수 또는 지도자를 대한민국체육유공자로 지정한다. ② 국가는 대한민국체육유공자에게 국가유공자에 준하는 보상을 하여야 한다. ③ 다음 각 호의 사항을 심사의결하기 위하여 문화체육관광부에 국가대표선수보상심의위원회를 둔다.
제14조의 3	선수 등의 금지행위	① 전문체육에 해당하는 운동경기의 선수·감독·코치·심판 및 경기단체의 임직원은 운동경기에 관하여 부정한 청탁을 받고 재물이나 재산상의 이익을 받거나 요구 또는 약속하여서는 아니 된다. ② 전문체육에 해당하는 운동경기의 선수·감독·코치·심판 및 경기단체의 임직원은 운동경기에 관하여 부정한 청탁을 받고 제3자에게 재물이나 재산상의 이익을 제공하거나 제공할 것을 요구 또는 약속하여서는 아니 된다.
제15조	도핑 방지활동	① 국가는 스포츠 활동에서 약물 등으로부터 선수를 보호하고 공정한 경쟁을 통한 스포츠 정신을 높이기 위하여 도핑 방지를 위한 시책을 수립하여야 한다. ② 국가는 도핑을 예방하기 위하여 선수와 체육지도자를 대상으로 교육과 홍보를 실시하여야 하고, 체육단체 및 경기단체의 도핑 방지활동을 지도·감독하여야 한다.

❷ 전문스포츠지도사 ···

국민체육진흥법·시행령·시행규칙에서 규정하고 있는 전문스포츠지도사 관련 내용을 요약하면 다음과 같다.

▶ 표 2-9 전문스포츠지도사에 관한 국민체육진흥법의 주요 내용

구분		내 용
정의		» '전문스포츠지도사'란 전문체육을 지도하는 사람을 말한다.
분류		» 전문스포츠지도사는 1급과 2급으로 구분한다. » 2급 전문스포츠지도사는 해당 종목에 대하여 4년 이상의 경기경력이 있는 사람으로, 자격검정에 합격하고 연수과정을 이수한 사람으로 한다. » 1급 전문스포츠지도사는 2급 전문스포츠지도사의 자격을 취득한 후 3년 이상 해당 종목의 경기지도 경력이 있는 사람으로, 1급 전문스포츠지도사 자격검정에 합격하고 연수과정을 이수한 사람으로 한다.
자격종목		» 검도, 골프, 궁도, 근대5종, 당구, 럭비, 레슬링, 루지, 봅슬레이, 스켈레톤, 바이애슬론, 배구, 배드민턴, 보디빌딩, 복싱, 볼링, 빙상, 사격, 사이클, 산악, 세팍타크로, 소프트볼, 수상스키, 수영, 수중스쿼시, 스키, 승마, 씨름, 야구, 에어로빅, 오리엔티어링, 요트, 우슈, 윈드서핑, 유도, 인라인스케이트, 정구, 조정, 체조, 축구, 카누, 컬링, 탁구, 태권도, 테니스, 트라이애슬론, 펜싱, 하키, 핸드볼, 공수도, 댄스스포츠, 택견, 그밖에 문화체육관광부장관이 인정하여 고시하는 종목.

자격검정이나 연수과정의 일부 면제		» 다음 중 어느 하나에 해당되는 사람에게는 자격검정이나 연수과정의 일부를 면제할 수 있다.
		  1. 학교체육교사
		  2. 국가대표선수
		  3. 문화체육관광부장관이 지정하는 프로스포츠단체에 등록된 프로스포츠선수

주요 업무	2급	선수대상 특정 스포츠지도, 경기력 향상을 위한 훈련 프로그램 개발 및 운영, 스포츠 경기대회 운영, 운동부 관리 및 운영, 체육 영재 육성 및 관리
	1급	선수(특히 국가대표 수준) 대상 특정 스포츠지도, 스포츠 경기대회 계획 및 조직, 특정 스포츠 종목의 과학적 훈련 프로그램 개발, 국가대표 훈련 계획 및 조직, 전문스포츠지도사 교육 프로그램 개발 및 운영, 전문스포츠지도사 교육 및 관리

③ 학생선수의 학습권 보장 ·······························

학생선수들의 학력저하 문제를 해결하기 위해서 도입된 학생선수의 학습권 보장과 관련이 있는 법령과 제도의 내용은 다음과 같다.

» 학교의 장은 학생선수가 최저학력에 도달하지 못한 경우에는 별도의 기초학력 보장 프로그램을 운영하여 최저학력이 보장될 수 있도록 노력하여야 하며, 필요한 경우 경기대회 출전을 제한할 수 있다.

» 학교의 장은 학생선수의 학습권 보장 및 신체적 · 정신적 발달을 위하여 학기 중의 상시 합숙훈련이 근절될 수 있도록 노력하여 한다.

» 학교의 장은 원거리에서 통학하는 학생선수를 위하여 기숙사를 운영할 수 있다.

» 기타 세부내용은 앞에서 설명한 것과 같다.

▶ 표 2-10 학생선수와 관련된 학교체육진흥법의 주요 내용

법조문	표제	주요 내용
제11조	학교 운동부 운영 등	① 학교의 장은 학생선수가 일정 수준의 학력기준(이하 "최저학력"이라 한다)에 도달하지 못한 경우에는 별도의 기초학력보장 프로그램을 운영하여 최저학력이 보장될 수 있도록 노력하여야 하며, 필요할 경우 경기대회 출전을 제한할 수 있다. ② 최저학력의 기준 및 실시 시기에 필요한 사항과 기초학력보장 프로그램의 운영 등에 필요한 사항은 교육부령으로 정한다. ③ 학교의 장은 학생선수의 학습권 보장 및 신체적 · 정서적 발달을 위하여 학기 중의 상시 합숙훈련이 근절될 수 있도록 노력하여야 한다. ④ 학교의 장은 원거리에서 통학하는 학생선수를 위하여 기숙사를 운영할 수 있다. 이 경우 필요한 사항은 교육부령으로 정한다. ⑤ 학교의 장은 학교운동부 관련 후원금을 "초 · 중등교육법" 제30조의2에 따라 설치된 학교회계에 편입시켜 운영하여야 한다. ⑥ 국가 및 지방자치단체는 예산의 범위에서 학교운동부 운영과 관련된 경비를 지원할 수 있다.
제12조	학교 운동부 지도자	① 학교의 장은 학생선수의 훈련과 지도를 위하여 학교운동부에 지도자를 둘 수 있다. ② 학교의 장은 학교운동부지도자가 학생선수의 학습권을 박탈하거나 폭력, 금품 · 향응수수 등의 부적절한 행위를 하였을 경우 학교운영위원회의 심의를 거쳐 계약을 해지할 수 있다.

제3장

스포츠교육의 참여자 이해론

01 스포츠지도자

① 학교체육지도자

학교체육을 지도하는 사람에는 체육교사와 강사가 있다.

■ 체육교사

초·중등학교 체육교사 자격증이 있는 사람 중에서, 초·중등학교 교사 임용고사에 합격한 후 초·중등학교에 발령을 받아 교사로 근무하고 있는 사람을 체육교사라고 한다.

체육교사는 체육 교육과정을 운영하는 교육 전문가이다. 즉 체육교사는 학생들의 신체와 정신이 조화롭게 발달할 수 있도록 하기 위해서 정규 체육수업을 담당하는 것이 주된 업무이다. 그밖에 체육교육과 관련있는 행정업무, 운동부 업무, 교과 업무와 담임교사로서의 업무도 수행한다.

뿐만 아니라 학교체육을 활성화시키기 위해서 체육 프로그램의 계획·조직·운영·관리 등의 업무도 관장하고, 방과 후의 스포츠클럽 활동이나 체육활동에도 적극적으로 관여한다.

그러므로 체육교사는 학생들에게 체육활동을 가르칠 수 있는 실기능력뿐만 아니라, 인간을 가르치는 교사로서의 자질을 갖추어야 하고, 체육과 교육에 관한 전문적인 지식과 함께 바람직한 인간상도 갖추고 있어야 한다.

■ 스포츠강사

초·중등학교에서 정규 체육수업의 진행을 보조하거나 방과 후 스포츠 클럽활동을 지도하는 사람을 스포츠강사라고 한다. 스포츠강사는 초등학교 2급 정교사, 중등학교 체육 2급 정교사, 실기교사, 생활스포츠지도사의 자격증 중 하나 이상을 가지고 있는 사람 중에서 계약을 통하여 학교의 장이 1년 단위로 임용한다.

스포츠강사는 체육교사의 업무를 보조하는 것이 주된 업무이고, 방과 후 스포츠클럽 활동을 통해서 학생들의 체력을 증진하고 학교폭력과 성폭력을 예방하는 것도 아주 중요한 업무이다.

스포츠강사는 학생들이 체육수업에 흥미를 가질 수 있도록 유도하고, 즐거운 스포츠활동 경험을 쌓을 수 있도록 기회를 제공함으로써 장차 성인이 되어서도 생활체육에 지속적으로 참여할 수 있는 안내자의 역할도 해야 한다.

마지막으로 스포츠강사는 학교의 각종 체육활동과 행사 또는 경기운영에 적극적으로 협력해야 하고, 학생들의 건강관리와 스포츠기술을 지도할 수 있는 전문적인 지식과 소양을 갖추어야 한다.

② 생활스포츠지도자

직장, 체육시설, 스포츠동호회, 사회단체, 지역사회 등에서 생활체육인 (자발적으로 체육활동에 참여하는 일반인)을 지도하는 사람을 생활스포츠 지도자라고 한다.

생활스포츠지도자는 생활스포츠지도사, 유소년스포츠지도사, 장애인스포츠지도사, 노인스포츠지도사, 건강관리사 중에서 하나 이상의 자격증을 가지고 있는 사람이어야 한다.

생활스포츠지도자는 생활스포츠 프로그램을 제공하고, 참여자의 욕구를 최대한 만족시키며, 창의적인 지도력을 갖추고 있어야 할 뿐 아니라, 해당 종목에 대한 실기능력과 함께 건강과 스포츠에 대한 전문적인 지식도 갖추고 있어야 한다.

생활스포츠지도자는 활발하고 강인한 성격을 갖추어야 참여자들로부터 친근감과 신뢰감을 받을 수 있고, 참가자의 성별, 연령, 사회계층, 교육수준 등에 관계없이 모든 참가자들을 동등하게 대우하고 지도해야 한다.

생활스포츠지도자가 담당해야 할 업무에는 생활스포츠 활동의 목표 설정, 효율적인 지도방법의 개발, 생활스포츠 프로그램의 개발, 생활스포츠에 대한 연구, 생활스포츠 기구의 운용 또는 개발, 생활스포츠 관련 재정의 관리 등이 있다.

❸ 전문스포츠지도자

학교 운동부, 실업팀, 프로스포츠 팀 등에서 선수들을 지도하는 코치나 감독을 전문스포츠지도자라고 한다.

전문스포츠지도자는 전문스포츠지도사 자격증이 있어야 하고, 선수와 팀의 기량을 최대한으로 끌어올리기 위해서 해당 종목의 전문적인 실기능력, 스포츠과학의 전문적인 지식, 전문적인 스포츠지도력 등을 반드시 갖추고 있어야 한다.

전문스포츠지도자는 각 선수의 능력을 빨리 파악하여 장점을 살려주고, 단점은 보완해줄 수 있는 능력이 있어야 한다. 또한 자신의 역량을 최대한 발휘하여 선수를 지도하려고하는 사명감과 도덕성을 갖추어야 한다.

전문스포츠지도자가 담당하는 업무에는 팀의 감독이나 코치 이외에 경기단체의 임원, 체육시설의 경영, 체육학연구 등의 업무를 담당하는 경우도 많다.

❹ 스포츠지도자의 교육

■ 체육교사의 일반적인 기능

성공적인 체육교사는 교육할 과제에 대하여 폭넓은 지식을 가지고 있으면서 자신의 역할에 대한 전략을 가지고 있어야 한다. 신임교사는 실기교육을 할 때 학생들 틈에 끼어 있는 반면에, 경험이 많은 교사는 학생들의 밖에서 교육환경과 학생들의 학업성취도를 확인한다.

다음은 경험있는 체육교사들이 수업하는 과정을 설명한 것이다.

➜ 안전한 교육환경을 유지한다

노련한 체육교사는 학생들에게 안전교육을 하고 안전을 강조한다. 어떠한 경우라도 안전하지 못한 상태에서 수업이 진행되어서는 안 된다.

➜ 학생들에게 수업과제를 명확하게 인식시킨다

수업을 시작하기 직전에 학생들에게 수업과제를 다시 한 번 확인시켜야 한다. 그래야 교사가 의도한 방향으로 수업이 진행될 수 있다. 한 번의 시범을 보고 학생들이 잘 따를 수 있으면 좋지만 그렇지 못한 경우도 가끔 있다. 학생들이 어떻게 하여야 하는지 이해하지 못하였기 때문이다.

학생들이 주의를 집중하지 않았거나 수업에 관심이 없는 경우에는 교사가 하고자 하는 의도를 다시 한 번 확인시켜주어야 한다. 학급 학생들 대부분은 과제를 수행하였고 일부 학생들만이 수행하지 못한 경우에는 그 학생들만을 대상으로 다시 교육하는 것이 바람직하다.

➜ 생산적인 교육환경을 유지한다

과제를 이해하지 못하였거나 과제에 무관심한 학생들이 발견되었을 때에는 그 원인과 학생들의 반응을 조심스럽게 살펴보아야 한다. 학생들이 과제에 무관심한 원인은 과제가 그 학생에게 적합하지 않거나 과제의 내용 구성이 적합하지 않기 때문이다. 그럴 경우에는 일정한 시간을 주면서 과제를 수행하게 하든지, 집중적인 과제를 부여하든지, 아니면 통제하기 쉬운 형태로 과제를 다시 구성해야 한다.

과제를 시작한 다음에 학생들이 점차적으로 과제에 대한 흥미를 잃어가는 경우도 있다. 그 원인은 수업의 속도 때문이다. 수업의 속도가 너무 빠르거나 너무 느리면 운동기술을 연마하다가 흥미를 잃게 된다. 위의 두 가지 경우 모두 학생들의 흥미를 다시 불러 일으켜서 생산적인 수업이 되도록 노력해야 한다.

➜ 학생들의 반응을 관찰하고 분석한다

학생들의 반응을 관찰하는 것은 가장 기본적인 교육기술이다. 교사가 과제를 얼마 만큼이나 이해하고 있는지? 학생들의 성향은 어떠한지? 과제의 내용은 얼마나 복잡한지? 등에 따라서 관찰의 정확도가 달라진다. 관찰 대상 학생 수와 어떤 부분에 초점을 맞추어서 관찰한 것인지를 교사가 먼저 정해야 한다. 그렇지 않으면 관찰의 효과가 경감되거나 학생들의 주의를 흩어지게 만든다.

➜ 학생들에게 반응을 보인다

학생들에게 반응을 보인다는 것을 다르게 표현하면 학생들에게 피드백을 제공하는 것이다.

피드백의 형태에는 다음과 같은 것들이 있다.

❖ **평가적 피드백**……학생들이 이미 행한 행위에 대한 반응. 잘했어!

❖ **교정적 피드백**……학생들이 앞으로 행할 행위에 대한 반응. 그렇게 던지면 공이 옆으로 나가!

❖ **합치적 피드백**……학생들에게 요구한 과제를 잘 수행하고 있을 때의 반응. 아주 정확해.

❖ **불합치적 피드백**……학생들에게 요구한 과제를 잘못 수행하고 있을 때의 반응. 아직도 못고쳤군!

❖ **일반적 피드백**……일반적인 평가

❖ **특정적 피드백**……특정한 행위에 대한 평가

➜ 개인 또는 소그룹을 위해서 과제를 변경한다

수업 중에 설정한 과제의 수준을 변경시킴으로써 잘못하는 학생 개인이나 소그룹 과제에 몰입할 수 있게 만든다.

■ 기능 중심 교사교육과 탐구 중심 교사교육

"학생을 가르치는 일"은 "주어진 교육목표를 성취하는 과정"이고, "학생을 잘 가르친다."는 것은 "효율적으로 가르치는 것."이라고 생각하는 것이 기능 중심 교사교육이다. 그러므로 기능중심 교사교육에서는 체육교사는 교육목표를 효과적으로 달성하기 위해서 노력하는 기능인에 불과하고, 교육목표를 설정하는 교육학자는 유능한 전문인이 된다.

1990년대에 영국의 교육학자 스텐하우스(Stenhouse, L.)가 "교사가 하는 일(학생을 가르치는 일)은 전문연구자(교육학자)에 의해서 연구되어야 하지만, 교사 자신에 의해서도 반드시 연구되어야 한다."고 주장하면서 시작된 것이 탐구 중심 교사교육이다.

탐구 중심 교사교육에서는 "교사는 자신이 하는 일을 개선하기 위해서 반드시 탐구적인 자세를 견지해야 한다." 즉 교사가 행하는 수업이 바로 연구가 되어야 한다는 것이다. 교사 자신이 행한 수업과정에 대하여 반성적 성찰을 하지 아니한다면 전문성의 향상은 기대할 수 없고, 교육학자가 책상에 앉아서 머릿속으로 생각함으로써 전문지식이 생겨나는 것이 아니라 수업을 실천하는 상황 속에서 교사 자신이 반성적으로 대화함으로써 전문지식이 얻어진다는 것이다.

02 스포츠학습자

스포츠교육을 경쟁적이고 제도화된 신체활동 즉, 스포츠를 가르친다는 좁은 의미로 생각하지 않고, 일상생활에서 행하는 건강활동, 무용, 캠핑 등 다양한 신체활동을 모두 포함하고 그 지식과 문화까지도 포괄적으로 가르친다고 넓은 의미로 생각하면 스포츠교육을 배우는 학습자는 모든 연령대의 모든 사람들로 확대된다.

그러므로 스포츠학습자를 생애주기별로 구분하고, 각 주기에 알맞은 운동을 선택하여 학습하고 운동을 생활화하는 것이 건강을 유지하는 데에 아주 중요하다.

① 학습자의 상태

스포츠를 지도하는 사람의 입장에서는 지도효율을 높이기 위해서, 그리고 스포츠를 학습하는 사람의 입장에서는 학습효율을 올리기 위해서 학습자의 상태를 확실하게 파악하는 것이 가장 중요하다.

❖ 학습자의 기능 수준……과거의 학습경험에 의해서 학습자가 이미 습득한 기능수준을 정확하게 알아야 한다. 이미 습득한 기술을 가르치려고 하면 학습자가 흥미를 잃을 것이고, 전혀 학습이 되지 않은 어려운 기술을 가르치려고 하면 학습자가 부상을 당하거나 운동을 그만두어 버리게 된다.

❖ 학습자의 체격 및 체력……각 종목의 운동선수들은 종목의 특성에 적합한 신체조건을 갖추고 있다. 그러므로 학습자의 체격과 체력 등 학습자의 신체조건에 알맞은 운동을 선택해서 실행하는 것이 좋다.

❖ 학습자의 학습동기……학습동기가 학습활동과 학습결과에 큰 영향을 미친다. 그러므로 학습자는 스스로 운동을 열심히 하려고 노력해야 하고, 지도자는 학습자의 동기를 유발하려고 노력해야 한다.

❖ 학습자의 발달수준……성별과 연령에 따른 발달수준과 각 개인의 환경에 따른 차이 등 개인차를 고려해서 운동을 하도록 해야 한다.

❖ 학습자의 인지능력……주어진 과제를 학습하기 위해서는 상황을 정확하게 파악하고, 그 정보를 바탕으로 문제를 해결해야 한다. 그러므로 지도자는 학습자의 인지능력을 잘 파악하고 있어야 한다.

❖ 학습자의 감정조절능력……운동을 배우는 선수가 화를 잘 낸다거나

시합 전에 심하게 불안을 느낀다면 자신의 운동능력을 제대로 발휘할 수 없다. 그러므로 학습자의 감정조절능력을 파악해서 적절한 조치를 취해야 한다.

② 생애주기별 발달특성

시간의 흐름에 따라 변화해 나가는 개인 생애의 일정한 단계별 과정을 생애주기라 하고, 보통 영아기, 유아기, 아동기, 청소년기, 성년기, 중년기, 노년기로 구분한다.

개인이 생애 주기를 거치는 동안 각 단계마다 수행해야 할 역할이나 해결해야 할 중요한 과업을 발달과업이라 하고, 정도의 차이는 있지만 생애주기 각 단계의 진행 순서와 중요 발달 과업은 일반적으로 비슷하게 나타난다. 각 시기의 발달 과업은 서로 연관성을 가지고 있어서 앞 단계에서 발달과업을 제때에 성공적으로 성취하지 못하면 다음 단계의 생활에서 많은 어려움을 겪게 된다.

■ 영아기

영아기는 생후 24개월까지로, 자기 몸을 스스로 움직이고 이동할 수 있게 되는 시기이다. 일생을 통해 신체와 운동 발달에서 가장 급속한 발달을 보이며, 의사소통 수단이 되는 언어를 습득하기 시작하여 기본적인 상호작용을 할 수 있게 된다.

❖ 발달특징……대뇌 발달, 감각 기관 발달, 근육 발달, 인지 발달, 언어

발달

❖ **발달과업**……젖떼기, 걷기, 말하기, 돌보아주는 사람에 대한 신뢰와 애착 형성하기

■ 유아기(4~5세)

유아기는 만 3~5세까지로, 대근육 운동능력이 발달되어 움직임이 많아진다. 유아기는 언어를 습득하고 발전시키는 시기로, 인지 지능이 급속하게 발달한다. 자기주장이 강해지고, 주변 환경에 대한 탐색을 하며 기본생활 습관과 사회 규칙을 습득하기 시작한다.

❖ **발달특징**……근육 발달, 인지적 성장, 언어 발달, 사회성 발달
❖ **발달과업**……식사, 수면, 배변 등의 기본 생활습관 형성하기, 공동생활에 필요한 생활습관 형성하기, 언어로 의사소통하기

유아기는 달리고 뛰어오르는 등 대근육 운동기술은 급속하게 발달하는 반면에 손가락으로 물건을 집는 것과 같은 소근육 운동은 아직 발달이 미흡한 상태이다. 머리가 크고 하체가 짧은 아기 체형이 성인의 체형으로 바뀐다.

이 시기에는 논리적인 추론에 의해서 문제를 해결하는 것이 아니라 자신이 보고 듣는 것에 의존한다. 또한 물건들도 모두 생명이 있다고 생각해서 물건과도 대화를 한다. 자기중심적으로 생각하기 때문에 다른 사람의 관점을 이해하지 못하고, 다른 사람의 감정이 자기와 다를 수도 있다는 것을 알지 못한다.

유아기에는 놀이를 중심으로 다양한 신체활동을 경험해본다는 식의 움직임 교육에 초점을 맞추어 지도해야 한다. 유아기의 체육활동이 평생 동

안의 건강과 심신의 발달에 매우 중요한 역할을 한다.

■ 아동기(6~11세)

아동기는 만 6~11세까지로, 초등학교에 다니는 시기이다. 양육자 외의 다른 사람들과 어울리면서 사회성이 발달하기 시작하고, 운동기술이 발달하며, 논리적 사고가 가능해진다.

❖ **발달특징**……신체 발달, 운동기능 발달, 지적흥미의 다양화, 또래집단 형성
❖ **발달과업**……또래 친구들과 어울리기, 적절한 성 역할 학습하기, 기본적 기능 익히기, 도덕성의 기초 형성하기, 학습습관 형성하기

아동기는 신체의 발달속도가 느려지는 반면에 자기 통제력은 높아진다. 10~11세가 되면 사춘기로 접어들어서 신체가 갑자기 성장하고 성징이 나타난다.

논리적인 사고와 문제해결능력이 증가하고, 질문하고 탐구하며 행동에 옮기는 것을 학습하는 시기이다. 또래의 반응에 아주 민감하고, 자신을 또래의 친구와 자꾸 비교해보고, 또래집단을 통해서 협동심과 사회성을 배우게 된다.

신체활동뿐만 아니라 지적 호기심과 탐구심이 왕성해지고, 행동이나 말씨와 마음 씀씀이가 하루가 다르게 성숙해진다.

아동기의 경험이 미래 생활에 영향을 크게 미치기 때문에 건강한 생활습관과 올바른 판단력을 가질 수 있도록 지도해야 한다. 부모, 교사, 체육지도자의 영향을 가장 크게 받는다.

■ 청소년기(11~19세)

청소년기는 만 12~19세까지로 급속한 신체적 변화에 따라 정서, 자아, 대인관계, 이성에 대한 태도와 행동에 변화를 갖는 발달단계이다. 성장급등과 2차 성징이 나타나고 추상적 · 가설적 사고를 통해 효율적으로 지적과업을 성취한다. 또한 또래들과 어울리면서 부모로부터 독립하려는 마음이 생겨난다.

❖ 발달특징……급격한 신체적 성장, 성적 성숙, 인지발달, 가치관 형성
❖ 발달과업……자아 정체감 형성하기, 신체적 · 지적 · 사회적 · 도덕적 발달 이루기, 진로 탐색하기, 성인이 되기 위해 준비하기

청소년기는 신체의 성장과 성호르몬의 분비가 급격하게 증가하면서 혼돈과 탈의실 공포증을 경험하게 된다. 개인차가 심해서 자의식과 불안이 뒤섞이고, 남보다 다르고 싶으면서 한편으로는 남들과 똑같기를 원하는 모순 속에서 살고, 모든 사람들이 자기를 항상 지켜보고 있다는 착각을 하며 스스로가 특별한 사람이라고 느끼는 자기우화의 성향이 크다.

감정의 기복이 아주 심하고, 대인관계에서 느끼는 감정을 숨기기 위해서 엉뚱한 짓을 하기 때문에 상황이 더 나빠지고 어수선 해지는 악순환을 거듭하게 된다. 청소년기의 경험이 인격 및 태도 형성에 매우 큰 영향을 미치므로 신체발달, 체력육성, 정서안정, 교우관계 개선, 여가선용, 자아실현 등 바람직한 가치를 경험할 수 있는 체육활동을 하도록 도와주어야 한다.

■ 성년기(20~39세)

성년기는 만 20~39세까지로, 신체적·심리적으로 성숙되며 일생 중 가장 활력이 넘치고 활동적인 시기이다. 직업인, 배우자, 부모로서의 새롭고 중요한 역할을 담당하게 된다.

❖ 발달특징……결혼, 가정생활, 직업 생활, 책임 있는 사회 구성원
❖ 발달과업……성인의 관점으로 사회적 가치 수용하기, 직업 선택하기, 이상적 배우자상 확립하기, 배우자 선택과 결혼, 책임 있는 시민으로서의 역할 수행하기, 개인적 신념과 가치체계 확립하기

성년기는 생물학적으로 이미 노화가 시작되었고, 사회적 책임과 영향력이 절정에 달하는 시기이다. 감각능력·지각능력·인지능력이 모두 하향곡선을 그리는 시기이지만, 그 저하되는 정도가 뚜렷하지 않다.

이 시기에는 개인의 가치와 목적을 설정하고 자신의 정체감을 확립하는 것이 중요하다. 그와 함께 사람이나 상황에 따라 다양한 의견이 있을 수 있다는 것을 인정하고 유연하게 상황에 대처해나가야 하고, 자신을 표현할 수 있는 기회를 늘려 여러 사람들과 접촉해야 하며, 사회에서 한두 가지의 역할이 아니라 수십 가지 서로 다른 역할을 해나가야 한다.

점차적으로 체력이 저하되고 생리적인 변화도 경험하게 된다. 체육활동이 이와 같은 현상을 극복하고 건강한 삶을 살아갈 수 있도록 하는 데에 큰 도움이 된다.

■ 중년기

중년기는 만 40~59세에 이르는 시기로, 감각 능력의 감소로 지각 능력이 약화되고 기억력도 감소하며 여성의 폐경기와 남성의 갱년기 같은 중년의 위기가 나타나기도 한다.

❖ 발달특징……신체적 노화 시작, 성격의 안정, 직업 안정 또는 직업 전환
❖ 발달과업……행복한 결혼 생활 유지하기, 직업 생활 유지하기, 인생 철학 확립하기, 중년기의 위기 관리하기, 건강 약화에 대비한 심신 단련하기

■ 노년기(65세~   )

노년기는 만 60세 이후부터 사망할 때까지를 말한다. 신체 능력과 감각·지각능력이 쇠퇴하며 의존성이 증가한다. 이러한 변화에 융통성 있게 대처하면서 건강에 주의를 기울여야 한다.

❖ 발달특징……사회적 활동의 감소, 체력 저하, 운동 기능 감퇴, 감각 기능 퇴화
❖ 발달과업……건강 관리하기, 은퇴에 적응하기, 신체적 노화를 긍정적으로 수용하기, 배우자 사별에 대해 준비하기, 여가 선용하기, 경제적 대책 마련하기, 자신의 죽음에 대해 준비하기

노년기에는 체력과 건강이 악화되고, 자녀의 출가와 직장에서의 은퇴로 인한 역할상실, 소득감소, 친지들의 죽음 등으로 인한 심한 상실감과 고독감에 휩싸이게 된다.

모든 감각과 반응이 둔화되고 자아의식의 발달이 고집으로 보인다. 보호자였던 자신이 피부양자가 되었다는 것이 한심스럽게 느껴지기도 한다.

치매, 고혈압, 당뇨병과 같은 노인성 질병에 걸리는 것을 예방하는 가장 좋은 방법이 체육활동을 하는 것이다. 체육활동을 통해서 생활에 활력을 얻고, 노화를 지연시키며, 건강을 유지하고, 고독감과 우울감에서 해방되어 건강한 삶을 살도록 해야 한다.

❸ 생애주기별 신체활동 지침 ·····

이 신체활동 지침은 보건복지부에서 우리나라 국민의 만성질환을 예방하기 위한 최소 수준의 신체활동을 권고한 것과 생애 주기별로 어린이 및 청소년, 젊은 성인, 65세 이상의 성인(노인)으로 구분하여 신체활동 지침을 제시한 것이다.

■ 신체활동의 중요성

신체활동은 골격근의 수축으로 일어나는 신체의 모든 움직임을 의미하며 에너지 소비의 큰 부분을 차지하고 있다. 과학기술이 발달한 현대사회에서는 신체활동의 필요성 인식과 참여기회가 줄어들고 있으며, 이와 같은 신체활동의 부족은 비만과 만성질환의 원인이 되고 있다. 최근 연구 자료에 따르면 성인의 약 1/3이 비만에 해당되고, 신체활동 부족과 관련된 질환으로는 심혈관계 질환, 고혈압, 제2형 당뇨, 골다공증, 그리고 일부의 암이 포함된다.

우리나라의 15세 이상 국민의 규칙적인 신체활동 실천율은 32.1%로 매우 낮으며, 19세 이상의 70.4%가 '비운동군'에 속하거나 신체활동량이 부족한 것으로 나타났다. 특히 신체활동 부족병이라고도 일컬어지는 고혈압, 당뇨병, 고지혈증, 대사증후군 등의 만성질환을 앓고 있는 경우, 신체활동 참여도가 더 낮은 것으로 나타나고 있다.

신체활동 부족과 관련 있는 만성질환이 최근에는 어린 연령층에서도 나타나고 있기 때문에 특정 연령뿐만 아니라 모든 연령에서 신체활동의 중요성을 인식해야 하며, 건강한 삶을 살기 위해서 신체활동에 관심을 가지고 규칙적으로 참여해야 한다.

■ 신체활동의 기본 공통지침

» 규칙적인 신체활동은 건강을 증진시키고 체력을 향상시키며 여러 가지 만성질환을 예방한다.
» 신체활동은 여가 시간의 운동, 이동을 위한 걷기나 자전거 타기, 직업 활동(노동), 집안일 등을 포함하며 전반적으로 활동적인 습관을 들이는 것이 중요하다.
» 권장 신체활동은 기본적인 수준이므로 건강상의 이득을 더 많이 얻기 위해서는 활동 횟수를 늘리거나 신체활동의 강도를 높이는 것이 좋다.
» 움직이지 않고 앉아서 보내는 여가시간(컴퓨터나 스마트폰 사용, 텔레비전 시청 포함)을 하루 2시간 이내로 줄이는 것이 좋으며, 약간이라도 신체활동을 하는 것이 건강에 좋다.

■ 생애주기별 신체활동의 세부 지침

➜ 어린이 및 청소년의 신체활동 지침

어린이 및 청소년의 신체활동은 가정이나 학교에서 하는 스포츠활동이나 체육수업 등의 운동, 이동을 위한 걷기나 자전거 타기 등을 포함하며 전반적으로 활동적인 습관을 들이는 것이 중요하다.

청소년들이 즐겁고 다양한 신체 활동에 참여하도록 적합한 신체 활동을 제시하고 적극적인 활동을 하도록 격려하는 것이 매우 중요하다.

5~17세 어린이와 청소년은 중강도 이상의 유산소 신체활동을 매일 한 시간 이상하고, 최소 주 3일 이상은 고강도의 신체활동을 실시한다.

근력 운동을 일주일에 3일 이상, 신체 각 부위를 고루 포함하여 수행한다. 근력 운동을 한 신체 부위는 하루 이상 휴식을 취한 후 다시 하는 것이 좋다. 어린이 근력 운동의 예로는 정글짐, 하늘 사다리 등이 있다.

➜ 성인의 신체활동 지침

18~64세 성인은 중강도 유산소 신체활동을 일주일에 2시간 30분 이상 또는 고강도 유산소 신체활동을 일주일에 1시간 15분 이상 수행한다. 고강도 신체활동의 1분은 중강도 신체활동의 2분과 같기 때문에, 중강도 신체활동과 고강도 신체활동을 섞어서 각 활동에 상당하는 시간만큼 신체활동을 할 수 있으며 적어도 10분 이상을 지속한다.

근력 운동은 일주일에 2일 이상 신체 각 부위를 모두 포함하여 수행하고, 한 세트에 8~12회 반복한다. 근력 운동을 한 신체 부위는 하루 이상 휴식을 취한 후 다시 하는 것이 좋다.

해당 운동이 수월하게 느껴진다면 무게를 더하거나 세트 수를 2~3회까지 늘리도록 한다. 근력 운동의 예로는 윗몸 일으키기, 팔굽혀 펴기, 계단 오르기 등의 체중 부하 운동, 덤벨이나 탄력밴드 등을 사용하는 기구 운동이 있다.

➔ 65세 이상 성인의 신체활동 지침

노인들에게 있을 수 있는 만성질환으로 인해 제시한 신체활동을 수행하기 어려울 때는 체력이나 신체조건 등 각자의 상황에 맞게 가능한 만큼 신체활동을 하도록 노력해야 한다.

65세 이상의 성인은 걷기를 포함한 중강도 유산소 신체활동을 일주일에 2시간 30분 이상 또는 고강도 유산소 신체활동을 일주일에 1시간 15분 이상 수행한다.

고강도 신체활동의 1분은 중강도 신체활동 2분과 같기 때문에, 중강도 신체활동과 고강도 신체활동을 섞어서 각 활동에 상당하는 시간만큼 수행하는 것이 가능하다.

또한, 적어도 10분 이상을 지속해야 하며 여러 날에 나누어 하는 것이 좋다.

근력 운동은 일주일에 2일 이상 신체 각 부위를 모두 포함하여 수행하고, 한 세트에 8~12회 반복한다. 근력 운동을 한 신체 부위는 하루 이상 휴식을 취한 후 다시 하는 것이 좋다.

해당 운동이 수월하게 느껴진다면 무게를 더하거나 세트 수를 2~3회까지 늘리도록 한다.

근력 운동의 예로는 윗몸 일으키기, 팔굽혀 펴기, 계단 오르기 등의 체중 부하 운동, 덤벨이나 탄력밴드 등을 사용하는 기구 운동이 있다.

평형감각 향상과 낙상 예방을 위해서 체력 수준에 맞게 일주일에 3일 이상 평형성 운동을 하도록 한다. 평형성 운동의 예로는 태극권, 옆으로 걷기, 뒤꿈치로 걷기, 발끝으로 걷기, 앉았다 일어나기 등을 들 수 있다. 평형성 운동은 가구 같은 고정된 지지물을 잡고 하는 운동방법에서 지지물 없이 하는 방법으로 난도를 높여갈 수도 있다.

■ 신체활동을 수행할 때의 주의 사항

➜ **나에게 맞는 신체활동을 하자.**
- 각자의 체력이나 건강 목표에 맞추어 신체활동을 선택한다.
- 적절한 수준의 활동 강도와 양을 지킨다.
- 지나치게 신체활동을 하면 부상과 같은 부작용의 위험이 커진다.

➜ **조금씩 증가시키자.**
- 운동을 처음 시작하거나 운동 경험이 많지 않은 사람은 낮은 운동 강도로 시작하고, 운동 시간은 짧게 매일 한다.
- 신체활동량을 늘릴 때에는 여러 주에 걸쳐 조금씩 증가시킨다.

➜ **준비운동과 정리운동을 하자.**
- 준비운동과 정리운동은 운동 전후에 실행하는 운동으로, 낮은 강도로 수행한다.
- 준비운동은 점진적으로 심박수를 높이고 혈액순환을 원활하게 한다. 또한, 관절의 가동 범위를 넓히어 효율적으로 운동할 수 있도록 돕고, 운동할 때 부상을 방지하며, 수행력을 향상시킨다.
- 정리운동은 본 운동에서 높아졌던 심박수, 혈압, 호흡 등을 안정상태로 회복시켜 줌으로써 신체에 쌓일 수 있는 노폐물 제거를 돕고, 근육통을 예방합한.

➜ 올바른 방법으로 근력 운동을 하자.

- 신체의 주요 부위를 골고루 자극할 수 있는 프로그램을 구성합니다.
- 근력 운동을 실시한 신체 부위는 하루 정도 휴식을 취한다.
- 한 동작을 8~12회 실시하며, 익숙해지면 무게를 늘리거나 세트를 추가한다.
- 정확한 동작과 적절한 호흡을 유지하고 운동전문가의 지도를 받는 것이 좋다.

➜ 노인들은 낙상에 주의하자.

- 신체활동은 한 번에 길게 하는 것보다는 짧게 자주 실시하는 것이 좋다.
- 낙상 예방을 위해 평형성 운동을 수행해야 한다.

➜ 안전하게 운동하자.

- 안전한 환경에서 알맞은 운동 장비와 보호 장구를 사용한다.
- 파트너와 함께 운동한다.
- 만성질환이 있는 경우에는 전문가와 상담한 후에 실시한다.

■ 신체활동 습관형성을 위한 단계별 주요 전략

➜ 신체활동 생각하기(계획 전 단계)

- 신체활동을 하지 않는 특별한 이유가 있는지 생각해 본다.
- 신체활동의 구체적인 장점이 무엇인지 알아본다.
- 일상생활에서 자신이 하는 일반적인 신체활동이 있는지 생각해 본다.
- 신체활동을 하지 않는 생활의 위험에 대해서 생각해 본다.

➜ 신체활동 준비하기(계획 단계)

- 신체활동의 구체적인 장점과 단점에 대해서 생각해 본다.
- 신체활동을 위한 장·단기 목표를 세우고, 일상생활에서 신체활동의 빈도를 높인다.
- 구체적인 신체활동 장애 요소를 극복하기 위한 해결책을 마련한다.
- 언젠가는 자신이 신체적으로 활동적인 사람이 될 수 있을 것이라고 믿는다.

➜ 신체활동 시작하기(행동 단계)

- 개인적으로 구체적인 신체활동 목표를 정한다.
- 신체활동을 할 때 처할 수 있는 예기치 못한 상황에 대처하는 방법을 익힌다.
- 신체활동 일지를 작성하고 지속적으로 관리하는 방법을 익힌다.
- 자신은 어떤 상황에서도 신체활동을 할 수 있는 사람이라는 자긍심을 가진다.

➜ 신체활동 지속하기(지속 단계)

- 지속적인 신체활동이 필요한 이유를 알아보고 구체적인 목표를 다시 정한다.
- 현재 자신의 신체활동 방식을 평가하고 필요하다면 적절하게 수정한다.
- 반복되는 신체활동의 지루함을 덜고 장애 요소를 극복하여 지속적인 신체활동을 위한 자신감을 높인다.
- 자신이나 다른 사람의 보상이나 지지를 활용한다.

➜ 신체활동 생활화하기(유지 단계)

- 규칙적으로 신체활동을 수행하는 구체적인 이유나 목적을 마음에 새긴다.
- 현재 자신의 신체활동 방식을 평가하고 어려운 상황에 처했을 때에도 지속할 수 있도록 계획을 세운다.
- 규칙적인 신체활동에 대한 보상과 지지를 활용하고, 다치지 않도록 주의하며 자신감을 유지하도록 한다.
- 만약 규칙적으로 신체활동을 하지 못하였다면, 1~2주 안에 다시 신체활동을 시작한다.

03 스포츠행정가

스포츠와 관련된 사업의 기획, 행정, 사무, 개발, 교육 등의 업무를 담당하는 사람을 스포츠행정가라 한다. 스포츠행정가는 스포츠행정 업무를 전반적으로 관장하고, 조직의 목적을 효율적으로 달성하기 위하여 업무를 조정하고 사람을 배치하며, 물적 자원을 적절히 사용해야 할 책임이 있다.

스포츠행정가는 학교체육행정가, 생활체육행정가, 전문체육행정가로 나눌 수 있다.

❶ 학교체육행정가 ···

학교체육행정가에는 교육정책과 절차를 수립하는 교장 · 교감 · 행정실장 등이 있고, 학교체육 관련업무, 운동부 관련업무, 학교스포츠클럽 관련업무 등 체육행정의 실무를 담당하는 체육교사와 스포츠강사가 있다.

학교체육행정가의 역할은 다음과 같다.

❖ **안내자의 역할**······학교체육을 활성화하기 위해서 체육교사가 다양한 역할을 할 수 있도록 인내하는 역할

❖ **조력자의 역할**······교사들이 체육교과 활동과 체육행사, 운동부 업무 등을 효율적으로 수행할 수 있도록 도와주는 역할

❖ **행정가의 역할**······학교체육 업무를 효과적으로 수행할 수 있도록 인적 · 물적 자원을 배치하고 관리하는 행정가의 역할

❷ 생활체육행정가 ···

생활체육행정가는 생활체육과 관련된 기관을 관장하고, 각종 생활체육대회의 유치 · 운영 · 홍보 등의 업무를 담당하며, 생활체육정책을 수립하고 예산을 집행하는 등의 업무도 수행한다.

생활체육행정가의 역할은 다음과 같다.

❖ **운영자의 역할**······일반국민들의 생활체육활동을 지원하고 관리하며, 여러 가지 생활체육 관련 공공기관이나 단체에서 생활체육 관련업무와 정책을 운영하는 운영자의 역할

❖ **조직가의 역할**······생활체육에 참여하는 개개인을 집단으로 조직하여

구성원의 하나가 될 수 있도록 유도하는 조직가의 역할

❖ **지원자의 역할**⋯⋯주민의 체육활동시설을 관리하고 운영하며, 생활체육활동 참가자를 관리해서 생활스포츠지도사가 활동을 잘 할 수 있도록 지원해주는 지원자의 역할

생활체육행정가에는 문화체육관광부 직원, 대한체육회 직원, 각 시·도체육회 직원 등이 있다.

③ 전문체육행정가

전문스포츠와 관련된 기관에서 사무·행정·개발·교육 등의 업무를 담당하는 사람을 전문체육행정가라고 한다.

전문체육행정가는 스포츠관련 프로그램의 계획, 조직, 인사, 조정, 예산의 수립과 집행, 시설관리 등의 업무와 홍보, 경기운영, 영업 등의 업무를 담당한다.

전문체육행정가의 역할은 다음과 같다.

❖ **전문가의 역할**⋯⋯전문체육의 행정에 관한 광범위한 지식, 능력, 기술을 가지고 있는 전문가의 역할

❖ **행동가의 역할**⋯⋯스포츠환경과 서비스를 개선하여 선수들이 불이익을 당하지 않도록 막아주는 행동가의 역할

❖ **관리자의 역할**⋯⋯스포츠조직을 관리하고 운영하며, 관련 업무를 능수능란하게 수행하며 정보를 관리하는 관리자의 역할

전문체육행정가에는 학교운동부지도자, IOC 등 국제체육기구의 회장·부회장·사무총장·집행위원·분과위원, 문화체육관광부 직원, 대한체육회 직원 등이 있다.

제4장

스포츠교육의 프로그램론

01 학교체육 프로그램

학교체육 프로그램은 교과활동과 비교과활동으로 나눈다. 정규 수업시간에 학생들을 가르치는 것이 교과활동이고, 쉬는 시간, 점심시간, 방과 후, 토요일 등 수업시간 이외의 시간에 학생들을 대상으로 실시하는 체육활동이 비교과활동이다. 비교과활동에는 학교 스포츠클럽 활동, 학교 운동부 활동, 방과 후 체육활동 등이 있다.

❶ 교과활동

교과활동은 체육교사가 주도적으로 수업을 진행하고, 스포츠지도사나 스포츠강사는 교사를 도와주는 조력자의 역할을 한다.

■ 체육교사가 갖추어야할 지식

체육교사, 스포츠강사, 스포츠지도사가 체육수업을 진행하기 위해서 기본적으로 알고 있어야 하는 지식을 슐만(Shulman, L. S. : 1987)이 7가지로 분류해서 제시하였다.

❖ 내용에 대한 지식⋯⋯수업시간에 가르쳐야 할 교과의 내용을 교사가 잘 알고 있어야 한다. 교사가 교과내용을 잘 알고 있지 못하면 학생들에게 혼란만 가중시키고 도움이 되지 못하기 때문에 교과내용은 반드시 미리 예습하고 수업에 임해야 한다.

❖ **지도방법에 대한 지식**……학생들을 지도하는 방법에 대해서도 잘 알고 있어야 한다. 특히 체육수업은 신체를 움직이면서 수업이 진행되기 때문에 교사가 학생들을 다루는 방법을 잘 모르면 수업 진행 자체가 잘 되지 않는다.

❖ **교육적인 내용에 대한 지식**……교사가 학생들에게 어떤 운동기술이나 교과서에 있는 내용만을 가르치는 것이 아니라 그 내용을 통해서 학생들에게 가르치고 싶은 인성이나 도덕이 있다. 교사가 교육적인 내용을 알지 못하고 학생들을 지도하면 존경받는 교사가 되기 어렵다.

❖ **교육과정에 대한 지식**……우리나라의 경우 교육부에서 초등학교 1학년에서 고등학교 3학년까지 가르쳐야 할 내용, 시간, 목표 등 세세한 내용까지 교육과정을 정해서 각급 학교에 시달하고 있다. 그러므로 교사는 교육과정에서 지향하는 목표를 잘 알고 실천에 옮겨야 한다.

❖ **교육환경에 대한 지식**……학교마다 조금씩 교육환경에 차이가 있으므로, 교사가 자신이 속해 있는 학교의 교육환경을 잘 이해하고 현명하게 대처해나갈 수 있어야 한다.

❖ **학습자의 특성에 대한 지식**……배우는 학생의 연령이나 가정환경 또는 어떤 특별한 사정이 있는지 알고, 그 학생들에게 가장 효과적인 지도방법에 대한 지식이 있어야 한다.

❖ **교육목표에 대한 지식**……목표를 알지 못하고 수업을 하면 수업의 효과를 기대하기 어렵다.

■ 수업계획 시 고려해야할 사항

앞에서는 교사가 기본적으로 갖추고 있어야할 지식에 대하여 설명했고, 여기에서는 수업계획 또는 학습지도안 작성 시 고려해야할 사항을 간단히 설명한다.

❖ 구체적이고 체계적으로 수업계획을 수립해야 한다……수업계획은 학습목표, 학습내용, 학습활동, 평가는 물론이고 세부적인 시간 계획까지도 포함되어야 한다. 수업계획을 구체적이고 체계적으로 작성하면 수업을 성공적이고 효율적으로 진행할 수 있게 된다.

❖ 창의적인 학습환경을 조성해야 한다……체육수업은 신체활동을 통해서 창의적으로 문제를 해결하고 인성을 기를 수 있는 다양한 학습활동으로 구성해야 한다.

❖ 통합적이고 효율적인 교수학습 활동이 이루어져야 한다……체육수업은 신체활동을 통해서 신체적 · 인지적 · 정의적인 가치를 습득할 수 있도록 통합적이고 효율적인 교수학습 활동이 이루어질 수 있도록 계획해야 한다.

❷ 비교과활동

■ 학교 스포츠클럽

지난 2007년에 학생들의 건강 · 학교폭력 등에서 여러 가지 문제가 발생하자 자율적인 체육활동을 통해서 건강하고 활기찬 학교 분위기를 조성하고, 스포츠 친화적인 학교문화와 꿈과 끼를 키우는 환경을 조성하며, 학생들의 전인적인 성장을 도모하기 위해서 만들어진 동아리활동이 학교 스포츠클럽이다.

그러므로 일과 전, 점심시간, 방과 후 등 학생들이 모일 수 있는 시간에 자율적으로 모여서 좋아하는 운동을 하게 된다. 학교에서는 체육교사나 스포츠강사 또는 다른 과목 교사 중에서 스포츠클럽에 관심이 있는 분을 지도교사로 임명하여 학교 스포츠클럽을 지원한다.

학교 스포츠클럽과 학교 스포츠클럽활동의 개념을 구분해야 할 필요가 있다. 다음은 두 개념의 차이를 표로 만든 것이다.

▶ 표 4-1   학교 스포츠클럽과 학교 스포츠클럽활동의 비교

구분	학교 스포츠클럽	학교 스포츠클럽활동
근거	학교체육진흥법 제10조	초/중등학교 교육과정 총론
개념	방과 후에 체육활동에 취미를 가진 동일학교 학생으로 구성하여 운영되는 스포츠동아리	정규 학교 교육과정 중 창의적 체험활동 시간에 이루어지는 클럽 단위의 스포츠활동
형태	정규 교육과정이 아님	정규 교육과정임
시간	방과 후, 점심시간 등	창의적 체험활동 시간

■ 학교 스포츠클럽 프로그램 구성 시 고려해야 할 사항

❖ 활동시간의 다양화……학교 스포츠클럽은 어디까지나 자율적으로 운동하는 것이므로 아침시간, 점심시간, 방과 후 시간, 토요일 등 다양한 시간을 활용할 수 있도록 프로그램을 구성해야 한다.

❖ 학생들의 자발적인 참여 유도……학생 개인의 흥미와 적성에 따라 희망종목을 선택할 수 있어야 한다. 그러려면 스포츠클럽의 수가 많아

야 되지만, 한없이 늘일 수는 없으므로 적절히 선택해서 계획해야
한다.

❖ **학생 주도의 클럽 운영**⋯⋯클럽의 활동시간, 클럽의 이름, 클럽회원 모
집 및 홍보 등 클럽활동 전반을 학생들이 주도적으로 참여하여 결정
하도록 유도하여야 한다. 그렇게 해야 학생들이 주인의식과 책임감
을 가지고 클럽활동을 해나가게 된다.

❖ **인성 함양**⋯⋯학교 스포츠클럽을 교육과정에 삽입하게 된 이유가 학
생들의 인성 함양이다. 즉 스포츠기술을 배우는 것이 주된 목적이
아니라 스포츠활동을 통해서 인성을 함양함으로써 학교폭력 등을
근절시키려는 데 있다. 그러므로 스포츠 속의 규범이나 가치, 전통
과 예의, 스포츠문화 등을 경험할 수 있도록 유도해야 한다.

■ 기타 학교 체육활동

체육수업과 학교 스포츠클럽 외에도 학교에서 다양한 체육활동을 할
수 있다.

예를 들어 방과 후 체육활동, 토요스포츠데이, 방학 중의 스포츠캠프,
소외계층이나 지역주민을 위한 체육활동, 학교운동회, 학교 대항 스포츠경
기대회 등 수없이 많다.

이러한 체육활동 프로그램을 계획할 때에는 다음 사항들을 고려해야
한다.

❖ **교육과정과 연계**⋯⋯학생들이 정규 수업시간에 학습한 내용을 기타
학교 체육활동에서 연습하고 활용할 수 있도록 프로그램 내용을 구
성해야 한다.

❖ 미래지향적인 방향 설정⋯⋯기타 학교 체육활동이라고 하더라도 학생들에게 유익하고 실행 가능할 뿐만 아니라 미래지향적인 목표 또는 방향을 설정함으로써 학생들이 지속적으로 스포츠활동에 참여할 수 있는 발판이 되어야 한다.

❖ 지역사회의 자원 활용⋯⋯기타 학교 체육활동은 학생들에게 체육활동에 대한 이해, 스포츠문화의 체험, 진로탐색 등 여러 가지 교육적 가치가 있는 활동들이다. 학교의 시설이나 지도자 또는 예산이 기타 학교 체육활동을 하는 데에 걸림돌이 될 수도 있다. 그럴 때 지역사회 또는 인근에 있는 대학 등의 시설이나 인력을 적극 활용할 수 있도록 프로그램을 계획하는 것이 효과적이다.

❖ 학생의 적성과 흥미⋯⋯기타 학교 체육활동은 정규체육수업 외에 학생들에게 다양한 체육활동의 기회를 제공함으로써 신체활동에 대한 이해, 스포츠 체험, 진로탐색 등 다양한 교육적 가치를 가지고 있다. 그러므로 학생의 적성과 흥미를 사전에 파악하여 학생들의 욕구를 충족시켜주어야 한다.

02 생활체육 프로그램

❶ 생활체육 프로그램의 이해

현대인들은 여가선용과 삶의 질 향상에 많은 관심을 가지고 있다. 자연히 학교체육이나 전문체육이 아닌 일반인들의 스포츠활동에 관심을 가지게 되는데, 그것이 바로 생활체육 프로그램이다.

일반인들이 어떤 스포츠활동을 어떠한 순서로 어떻게 할 것인지를 생활체육 프로그램이라고 생각할 수도 있지만, 일반 국민들의 생활체육 조직을 어떻게 효율적으로 운영할 것인가 하는 것도 생활체육 프로그램이다.

생활체육이란 용어는 1985년을 전·후해서 복지사회를 구현하기 위한 국민체육 진흥정책을 추진하는 과정에서 만들어졌다. 그런 관점에서 볼 때 생활체육 프로그램은 "중앙정부 또는 지방 자치단체가 해당 지역 주민의 체육에 대한 욕구 및 수용에 대응하고, 그 활동을 사회적인 차원에서 보장해 주기 위한 정책을 수립하여 그것을 시행하는 내용을 모두 포괄하는 개념"으로 규정할 수 있다.

유럽을 중심으로 전개되었던 TRIM 운동이나 SPORT FOR ALL 운동이 우리나라에 정착된 것이 생활체육이라고 생각해도 된다. SPORTS FOR ALL 운동은 개인적으로는 체력을 육성하여 건강을 유지·증진하고, 자아를 실현하여 행복을 추구하며, 사회적으로는 시민의 결속을 다져 시민 화합을 도모하는 운동이다. 이 운동은 넓은 의미의 건전한 사회운동으로서 시민의 체력을 증진하고, 건전한 정신을 함양하여 명랑한 사회를 영위하게 하며, 나아가 스포츠를 통한 복지사회 건설에 이바지하는 것을 목적으로 하고 있다.

그러므로 생활체육은 시민 누구나 참여하여 함께 즐길 수 있는 체육의 정착화를 통해서 건전한 시민정신을 육성하는 데에 그 목적이 있다고 할 수 있다.

■ 생활체육 프로그램의 유형

생활체육 프로그램은 주관자, 참여자, 목적, 개최기간, 참가자의 조직화 정도, 장소 등에 따라서 아래 표와 같이 유형을 분류할 수 있다.

▶ 표 4-1 　생활체육 프로그램의 유형 [위성식 외(2012)를 일부 수정]

준거	프로그램 유형	프로그램 개요
주관자	공공형 준공공형 사설형	국가기관이나 공공단체가 주관하는 프로그램 지역사회가 비영리적으로 주관하는 프로그램 상업체육 시설에서 주관하는 프로그램
참여자	지역형 직장형 단체형 시설형	지역사회 주민을 대상으로 한 프로그램 직장인을 대상으로 실행되는 프로그램 동호인조직 등 단체를 대상으로 한 프로그램 공공·민간·상업체육시설 중심의 프로그램
목적	운동회형 경기대회형 스포츠교실형 강습회형	체육에 대한 인식 및 체험의 향상 프로그램 경쟁 기회 및 기술 향상을 위한 프로그램 흥미에 따른 종목 중심 프로그램 지도자강습회, 건강강습회 등의 교육 프로그램
개최기간	단기형 장기형	1일 혹은 2개월 이하의 프로그램 2개월 이상의 장기 프로그램
참가자의 조직화 정도	자유활동형 조직활동형 특별행사형	공식조직이 아닌 개인의 자유유희적 프로그램 일정한 시간과 장소에서 반복되는 프로그램 연습과 훈련의 경기대회를 통한 평가프로그램
장소	도시시설형 야외시설형	도시의 체육관, 운동장 등에서의 프로그램 비교적 정돈되지 않은 야외에서 하는 프로그램

■ 생활체육 프로그램의 목적

생활체육은 모든 스포츠 종목의 활동을 포함하고, 모든 연령대의 일반인들을 대상으로 하기 때문에 범위가 아주 넓고 프로그램의 목적도 대단히 다양하다.

다음에 생활체육 프로그램의 목적으로 자주 선정되는 것들을 몇 개 골라서 설명한다.

❖ 여가선용……생활의 기본조건으로 의·식·주와 함께 여가선용이 강조되고 있다.

❖ 삶의 질 향상……인간은 생물적인 욕구 이외에 사회적·심리적·정서적 욕구를 가지고 있다. 생활체육은 그러한 인간의 욕구를 충족시켜주어서 인간이 인간답게 살 수 있게 해주는 역할을 한다.

❖ 경험의 확대……생활체육은 다양한 스포츠활동을 통해서 경험을 확대시켜준다. 인간의 한계에 도전할 수도 있고, 경험의 폭을 넓혀서 삶을 풍요롭게 할 수 있다.

❖ 스포츠기능의 향상……생활체육 프로그램에 참여하면 스포츠 기능의 향상을 기대할 수 있다. 자신의 스포츠 기량이 향상되면 생활이 명랑해지고, 의욕이 생기며, 승리의 기쁨을 맛볼 수 있다.

❖ 건강의 유지 및 증진……의학의 발달로 인간의 수명이 많이 연장되었다. 그러나 사람은 오래 사는 것보다는 건강하게 살기를 원한다. 건강하게 살기 위해서는 건전한 식생활과 함께 스포츠활동이 반드시 필요하다.

❖ 공동체 형성……인간은 사회적 동물이기 때문에 다른 사람과의 인간관계를 유지하면서 어울려서 살아가야 한다. 생활체육 활동을 통해서 지역공동체를 형성하고, 이웃끼리 서로 협력하는 공동체 의식을

기를 수 있다.

② 생활체육 프로그램의 개발

　건설적이고 효과적인 생활체육 프로그램을 개발하기 위해서는 다음과 같은 단계를 거쳐야 한다.

■ 생활체육 프로그램 개발의 단계

❖ 기관·단체의 철학적 이해……대부분의 생활체육 프로그램은 공공기관이나 단체에서 개발해서 일반국민들에게 제공한다. 그러므로 프로그램을 제공하려고 하는 기관이나 단체에서 추구하는 것을 확실히 이해하고, 그에 걸맞은 프로그램의 목적을 설정해야 한다.

❖ 요구 분석……개발하려고 하는 생활체육 프로그램에 참여할 대상들이 원하는 것이 무엇인지, 또 그 생활체육 프로그램이 실시되는 지역사회에서 요구하는 것이 무엇인지 먼저 조사해서 알고, 그 요구사항을 만족시켜주면서 기관이나 단체에서 달성하고자 하는 목적을 이룰 수 있는 방법을 찾아내는 것이 요구 분석이다.

❖ 프로그램의 계획……생활체육 프로그램을 개발해서 시행하려고 하는 목적과 요구 분석을 통해서 알아낸 요구사항을 모두 만족시킬 수 있는 활동내용으로 계획을 세워야 한다. 프로그램 계획이 추상적이면 아무 쓸모없는 것이 되어버리므로 구체적이고 실천 가능한 내용으로 계획해야 한다.

❖ **프로그램의 실행**……계획한 생활체육 프로그램을 실행하는 것이다. 스포츠지도사의 리더십과 실행능력이 절대적으로 필요하다.

❖ **프로그램의 평가**……프로그램을 실행한 결과를 평가하는 것이다. 원하는 바 목적은 달성되었는가? 참여자들의 만족도는 어떠한가? 시행착오는 없었는가? 개선점은 무엇인가? 등이 평가의 주요 항목이 된다.

■ 요구 분석

생활체육 프로그램 개발의 제2단계인 요구 분석에 대하여 자세히 알아보아야할 필요가 있다.

생활체육 프로그램은 대상자들의 자발적인 참여를 전제로 하기 때문에 참여자의 요구 분석이 필수적이다. 지역사회 거주자들의 연령대, 선호도, 경제적 수준, 지역의 스포츠시설, 문화적 배경 등을 고려해서 요구 분석을 해야 한다.

요구 분석을 위해서 자료를 수집하기 위한 설문지에는 ① 여가를 이용할 수 있는 범위와 정도, ② 스포츠활동에 참여도, ③ 스포츠시설에 대한 요구사항, ④ 지도자에 대한 만족도 또는 요구사항, ⑤ 기존의 프로그램에 대한 만족도 등이 반드시 포함되어 있어야 한다.

■ 생활체육 프로그램의 구성 원리

생활체육 프로그램은 다양한 활동으로 구성될 뿐만 아니라 동일한 프로그램이라 할지라도 프로그램에 참가하는 대상의 특성, 시간, 장소에 따른 여러 가지 형태로 변형되어 시행되어야 한다. 따라서 바람직한 프로그램을 개발하고 이를 효율적으로 수행하기 위해서는 프로그램을 구성하는 데에 일관된 원리가 있어야 한다.

효과적인 생활체육 프로그램을 구성하기 위한 기본 원리로서 반드시 고려하여야 할 사항은 다음과 같다.

- ❖ 평등성……연령, 성별, 민족, 종교, 교육 수준, 사회, 경제적 지위에 관계없이 모든 사람에게 생활체육 프로그램 개발과 실행의 참여 기회가 제공되어야 한다.
- ❖ 창조성……건설적이고 창조적인 신체활동의 기회를 제공하여야 한다.
- ❖ 다양성……다양한 영역의 생활체육 활동을 제공하여야 한다.
- ❖ 봉사성……생활체육 프로그램의 일반화를 위해서는 시설과 더불어 지도자의 봉사가 요구되며 이것이 생활체육 프로그램의 성패를 좌우하게 된다.
- ❖ 욕구의 반영……생활체육 참여자 개개인의 욕구 충족 요소가 어떠한 형태로든 반영되어야 한다.
- ❖ 편의성……생활체육 관련 시설을 효율적으로 이용할 수 있도록 계획되어야 한다.
- ❖ 전문성……생활체육 프로그램은 자격을 갖춘 전문가에 의해 개발, 운영, 감독되어야 한다.
- ❖ 전달성……생활체육 프로그램이 모든 대중에게 적절한 대중 매체 및 홍보 수단을 통해 의미 있게 전달되어야 하다.
- ❖ 평가……생활체육 프로그램의 평가는 지속적이고 규칙적으로 이루어져야 한다.
- ❖ 수정 및 보완……생활체육 프로그램의 평가와 그 결과에 따라 프로

그램을 질적 · 양적으로 수정 및 보완함으로써 생활체육 프로그램에
대한 가치와 신선미를 제고하여야 한다.

③ 생활체육 프로그램의 구성

■ 유소년스포츠 프로그램

유소년스포츠 프로그램은 4세에서 11세까지의 아동들을 대상으로 다양
한 신체활동 및 움직임의 경험을 쌓게 함으로써 아동들의 심동적 · 신체
적 · 정의적 능력을 향상시켜 건강하게 성장하도록 돕는 것을 목적으로
한다.

이 시기에는 호기심이 많고 스스로 해보려고 하는 적극적인 성향을
나타낸다. 그러므로 기본적인 운동동작을 습득하고 또래집단과의 상호
관계를 유지하는 것이 중요하기 때문에 움직임 교육이라고 하는 것이 적
절하다.

다음은 유소년스포츠 프로그램을 구성할 때 반드시 고려해야 할 사항
들을 설명한 것이다.

❖ 자결적인 움직임 활동……유소년은 놀이와 움직임을 통하여 자기 유
 능감, 정서적 유대감, 감각적 인지발달, 신체적 · 정서적 건강을 도
 모하여야 한다. 그러므로 아동들이 스스로 놀이와 움직임 활동을 선
 택할 수 있도록 하려고 노력해야 한다.

❖ 다양한 신체활동의 경험……유소년기에는 다양한 신체활동을 경험하
 면서 운동신경이 골고루 발달하도록 고려해야 한다.

❖ 지역사회의 시설과 연계……유소년들에게 다양한 프로그램을 제공하

려고 하면 스포츠시설, 스포츠용품, 전문지도사 등의 제약을 받을 수 밖에 없다. 그러므로 주변 공공기관 및 민간시설과 연계해서 도움을 받도록 해야 한다.

❖ **스포츠활동 시간**……유소년들은 특별히 해야할 일이 있는 것이 아니므로 다른 연령대보다 스포츠활동에 할애할 수 있는 시간이 많다. 부모들은 방과 후의 남는 시간이나 방학 중에 남는 시간에 아이들이 스포츠 프로그램에 참가해서 활동하기를 바란다. 그러므로 유소년들의 풍부한 스포츠활동 시간을 고려해서 프로그램을 구성해야 한다.

■ 청소년스포츠 프로그램

청소년기는 신체적으로 매우 빠른 속도로 성장하고 성호르몬의 분비가 왕성해지면서 자신의 정체성에 혼란을 겪게 되는 시기이다. 이 시기에는 또래집단의 영향을 크게 받고, 부모세대와 가치관의 갈등을 겪으며, 학업과 미래에 대한 불안 때문에 스트레스를 심하게 받는다.

그래서 건전하고 건강한 스포츠활동이 가장 필요한 시기이다. 그런데 학생의 신분이기 때문에 일반적인 생활체육 활동에 어려움이 있으므로 방과 후 또는 토요일이나 일요일에 스포츠활동을 할 수 있도록 스포츠 프로그램을 구성해야 한다.

다음은 청소년스포츠 프로그램을 구성할 때 각별히 고려해야 할 사항들이다.

❖ **청소년의 생활패턴을 고려해야 한다**……대부분의 시간을 학교에서 보내고 학원 등에서 공부한 후 밤늦게 귀가하는 청소년들의 생활패턴

을 고려해야 한다. 따라서 주중의 늦은 시간대 또는 주말에 스포츠
활동을 할 수 있도록 해야 하고, 방학 또는 계절 스포츠활동을 제공
함으로써 평소의 스트레스에서 벗어나 새로운 스포츠를 경험할 수
있도록 하는 것도 좋다.

❖ **개인의 요구와 흥미를 고려해야 한다**……청소년 시기에는 동적이고 모
험적인 스포츠활동을 좋아하고, 남녀의 성차가 아주 뚜렷하게 나타
나며, 살고 있는 지역에 따라서도 좋아하는 스포츠 종목이 달라진다.
그러므로 개인의 흥미 또는 욕구, 지역사회의 특성, 성별 등을 고려
해서 스포츠 프로그램을 구성해야 한다.

❖ **스포츠활동의 지속성을 고려해야 한다**……청소년기의 스포츠활동 경험
이 평생의 스포츠활동에 아주 큰 영향을 미친다. 그러므로 청소년들
이 스포츠활동에 규칙적으로 참여하여 건강한 운동 습관을 기를 수
있도록 하여야 한다. 장래에도 스포츠활동을 지속할 가능성이 높은
스포츠활동을 경험할 수 있도록 프로그램을 구성해야 한다.

■ 성인스포츠 프로그램

성인기는 신체적 · 정신적으로 온전히 성장하였고, 일생 중에서 가장 활
발하게 사회활동을 하는 시기인 만큼 신체적인 피로와 정신적인 스트레스
에 가장 많이 시달린다.

그러므로 성인들의 건강 증진 또는 유지와 스트레스 해소를 위한 스포
츠활동이 절실히 필요하다. 그들은 직장단위, 지역단위, 또는 사회단체별
로 동호회나 스포츠클럽을 구성하여 스포츠활동을 하게 된다.

다음은 성인스포츠 프로그램을 구성할 때에 고려해야할 사항이다.

❖ **스포츠활동을 할 수 있는 시간대를 고려해야 한다**······성인들은 집에서는 남편, 아내 또는 아버지, 엄마의 역할을 해야 하고, 직장에서는 자신이 맡은 임무를 성실히 수행하는 것은 물론 자아실현과 더 좋은 미래를 꿈꾸기 위해서 자기개발을 해야 한다. 그러므로 출근 전, 퇴근 후, 또는 주말에 스포츠활동을 할 수 있고, 주부들은 아이들이 학교에 가 있는 오전 시간에 스포츠활동을 할 수 있으므로 그 시간대를 고려해야 한다.

❖ **지속성을 고려해야 한다**······성인기에 참여했던 스포츠활동을 노년기에도 하는 경우가 대부분이다. 그러므로 성인기의 스포츠활동이 삶의 일부분이 되도록 유도하고, 지속 가능성을 고려해야 한다.

❖ **경기력을 향상시켜야 한다**······요사이는 클럽활동이나 동호인 체육활동의 수준이 굉장히 높아져서 거의 전문체육에 가까울 정도이다. 그러므로 성인들의 스포츠 프로그램을 구성할 때에는 참가자들의 경기력을 향상시킬 수 있는 방안도 포함시켜야 한다.

■ 노인스포츠 프로그램

우리나라는 이미 저출산 고령화사회에 진입하였다. 이에 정부에서는 "새롭게 태어나는 아이부터 노후의 마지막 생애까지 희망차고 행복하게"라는 복지정책(새로마지플랜)을 시행하고 있다.

새로마지플랜의 목표는 점진적으로 출산율을 회복하고 고령화사회에 대한 대응체계의 마련이다. 노인들은 근력·근지구력·최대산소섭취량 등이 저하되기 때문에 신체활동이 크게 감소되고, 피로나 스트레스로부터 회복되는 회복력이 낮기 때문에 신체적 부담을 주는 스포츠활동을 피하게 된다.

거기에다 퇴직과 함께 사회적 영향력이 감소되고, 사회적으로 소외되어서 고립되고 위축된 생활을 하는 경우가 많다. 그러할수록 적당한 신체활동과 시회활동을 통해서 활기를 되찾아야 건강을 유지할 수 있다.

다음은 노인스포츠 프로그램을 구성할 때 특별히 고려해야 할 사항들이다.

❖ 노인의 신체적 · 심리적 · 사회적 특징과 요구사항을 고려한다······노인들의 신체적 특징과 심리 · 사회적으로 원하는 사항이 무엇인지를 파악한 다음 그것을 스포츠 프로그램에 반영해야 한다.

❖ 주변 요인을 고려한다······노인들의 스포츠활동은 접근성과 이용성이 좋아야 하고, 노인들은 적극성이 떨어지므로 주변 시설이나 제도들을 잘 활용할 수 있어야 한다.

❖ 노인의 흥미와 사회적 관계 형성을 고려한다······노인들은 모든 일에 흥미가 떨어지고 사회적으로 고립되어 있기 쉬우므로, 스포츠활동을 통해서 무기력에서 벗어나고, 다른 노인들과 사회적인 관계를 형성함으로서 삶에 활기를 불어넣을 수 있도록 스포츠 프로그램을 구성해야 한다.

❖ 노인, 노인스포츠 지도자, 스포츠 행정가 등의 협력이 필요하다······노인들은 자기중심적이고 폐쇄적인 경향이 강하다. 그러므로 노인스포츠 프로그램을 계속해서 실행하려면 노인, 노인스포츠 지도자, 스포츠 행정가 등이 모두 협력해야 한다.

■ 장애인스포츠 프로그램

우리나라에서는 국민체육진흥법 제34조에 따라 대한장애인체육회를 설립하면서부터 장애인체육이 활성화되기 시작하였다. 장애인스포츠 프로그램은 단순히 특수학교에서 장애인을 대상으로 하는 재활체육의 의미를 벗어나 학교체육, 생활체육, 전문체육 등 모든 스포츠분야에서 장애인을 대상으로 삶의 즐거움과 활력을 찾을 수 있도록 스포츠활동을 계획하고 운영하며 서비스하는 것 전체를 의미한다.

장애인스포츠 프로그램은 장애유형에 따라서 활동이 가능한 스포츠종목이 다를 뿐만 아니라, 장애정도에 따라서도 스포츠활동을 변형시켜야 하는 정도가 다르기 때문에 장애인스포츠 프로그램을 계획하는 데에 큰 어려움이 있다.

생활체육 영역에서 실시하는 장애인스포츠 프로그램은 장애인들의 자발적인 참여에 의해서 이루어지기 때문에 스포츠활동을 통한 재활, 사회적 관계의 형성, 자아존중감의 형성, 행복추구 등을 목적으로 하는 것이 특징이다.

다음은 장애인스포츠 프로그램을 구성할 때 고려해야 할 사항들이다.

❖ 장애유형별 특징과 요구사항 고려……장애인들은 스포츠활동에 대한 제약이 많고, 요구사항도 일반인과 다르다. 그러므로 장애유형에 따른 신체적·정신적 특성을 파악하고 그들의 요구사항을 고려해서 스포츠 프로그램을 구성해야 한다.

❖ 접근성과 편의성의 고려……장애인들이 스포츠활동에 참여하기 위해서 먼 거리를 이동하는 것은 상당이 어려운 일이다. 거기에다 가깝더라도 장애인이 접근하기 어려운 환경이면 거기에 있는 스포츠 시설을 이용할 수 없게 된다. 그러므로 장애인들이 접근하기 쉽고 이

용하기 편리한 곳에 있는 스포츠시설을 이용하는 스포츠 프로그램
이어야 한다.

❖ **지속성의 고려**……장애인스포츠 프로그램은 대부분 재활의 의미가
크다. 스포츠활동을 통해서 재활효과를 얻을 수 있으려면 장기간 동
안 꾸준히 스포츠활동을 해야 한다. 그러므로 장애인 스포츠 프로그
램을 구성할 때에는 참여자가 지속적으로 참여한다는 장기적인 목
표를 설정하고 프로그램을 구성해야 한다.

❖ **참여 장애인의 경제적 여건**……장애인들은 의료비 지출 때문에 경제
적으로 어려움을 겪는 경우가 많다. 그러므로 경제적으로 부담이
적은 스포츠종목을 선정하여야 장애인들이 지속적으로 참여할 수
있다.

❹ 생활체육 프로그램의 지도

생활체육 프로그램의 내용구성이 완료되면 참가자들에게 전개하고 운
영해야 한다. 생활체육 프로그램을 전개할 때 주목해야 할 것은 생활체육
이 참여자 중심의 활동이고, 활동을 구성하는 지도자와 참가자 간에 인간
적인 상호작용이 유지되어야 하며, 개인적으로나 사회적으로나 의미 있는
활동이 되어야 한다는 것이다.

이러한 생활체육의 특성에 유의하여 생활체육 프로그램을 지도할 때
지켜야 할 기본원리는 다음과 같다.

» 생활체육 프로그램은 이미 수행되었던 활동 중에서 성공적이었던 활
동부터 전개한다.

» 생활체육 프로그램은 활동 주체의 흥미와 욕구에 초점을 두고 전개

되어야 한다.

» 생활체육 활동의 지속성을 견지하기 위해서는 생활체육 프로그램 전 과정에서 모든 참여자 간의 인간적 상호신뢰를 바탕으로 전개되어야 한다.

» 생활체육 프로그램 전개 과정에서 참여자가 특별한 흥미와 욕구를 표출하거나 공통적으로 새로운 프로그램 개발의 필요성을 요구한다면 새로운 생활체육 프로그램을 개발하여야 한다.

» 생활체육 프로그램의 가치를 참여자가 성공적으로 경험하여 호기심을 유발할 수 있도록 전개하여야 한다.

❺ 생활체육 프로그램의 평가

생활체육 프로그램의 평가는 목표 성취도, 계획의 수행 정도, 참여자에 대한 영향력, 사회적 공헌도 등을 측정하여 생활체육 프로그램의 전개 및 강화, 그리고 정책 입안의 근거 자료를 제공하는데 의의가 있다.

이러한 생활체육 프로그램 평가의 의의를 충족시키려면 다음과 같은 사항이 고려되어야 한다.

» 생활체육 프로그램의 평가는 생활체육의 개념과 목표에 근거하여야 한다.

» 생활체육 프로그램의 평가는 개인 및 집단의 자발적 참여 태도와 신장에 초점을 두어야 한다.

» 생활체육 프로그램의 평가는 객관적 평가가 아닌 주관적 자기 평가로 이루어져야 한다.

» 생활체육 프로그램의 평가는 참여자가 활동한 후의 변화 과정을 중

시하여야 한다.

» 생활체육 프로그램을 평가할 때에는 지적 영역보다는 정의적, 심동적 영역을 더욱 강조하여야 하며, 특히 정의적 영역에서의 평가가 중요하다.

» 생활체육 프로그램을 효과적으로 평가하려면 여러 가지의 다양한 평가 도구가 활용되어야 하며, 특히 관찰 평가는 생활체육이 생활의 다양한 측면, 즉 삶의 질적, 양적 측면과 직결되기 때문에 가장 일반적으로 사용되는 도구이다.

» 생활체육 프로그램의 평가 결과는 차후 프로그램의 여러 단계에 반드시 반영되어야 한다.

03 전문체육 프로그램

❶ 전문체육 프로그램의 이해

전문체육은 경기단체에 등록된 아마추어선수가 행하는 운동경기 활동과 프로스포츠협회에 등록된 프로선수들이 행하는 프로스포츠 경기가 있다.

전문스포츠에서는 최고의 경기력을 발휘해서 경기에서 이기는 것이 목적이기 때문에 과학적인 방법으로 체계적인 지도를 해야 좋은 결과를 얻을 수 있다.

다음은 마텐즈(Martens, R. : 2004)가 전문스포츠 지도계획을 개발할 때 반드시 거쳐야 하는 6단계를 설명한 것이다.

■ 제1단계 : 선수에게 필요한 기술 파악

코치의 가장 우선적인 일은 스포츠기술을 지도하는 것이다. 여기에서 스포츠기술이란 경기기술, 경기전략·전술, 신체적 기술(건강관리, 영양관리, 체중관리 등), 정신적 기술(자신감, 집중력, 자기통제 등), 의사소통기술(선수끼리, 선수와 심판, 선수와 코치 사이)을 모두 합한 것이다. 그러므로 선수에게 필요한 기술을 파악한다는 것은 코치가 해야할 일이 무엇인지를 파악하는 것과 마찬가지이다.

■ 제2단계 : 선수의 이해

선수의 체력과 건강상태, 그동안의 운동경험과 기술수준, 운동에 대한 열정과 동기, 개인의 성격, 동료와의 관계, 개인의 목표와 진도, 가정환경, 학교생활 등 선수에 대하여 전반적으로 이해해야 한다.

■ 제3단계 : 상황분석

지도계획을 수립하려면 주변상황도 잘 알아야 한다. 선수의 수, 연습할 수 있는 공간과 시설, 팀 내의 분위기, 학부모와 학교의 지원 등을 파악하여 부정적인 영향을 미칠 수 있는 것을 먼저 개선하여야 한다.

■ 제4단계 : 목표설정 및 우선순위의 결정

목표는 주어진 상황에서 성취 가능한 것을 구체적으로 설정해야 하고 단기, 중기, 장기 목표를 설정해야 한다.

현재 상황에서 언제, 무엇을, 어떻게 할 것인지 확실한 순서가 있으면 목표설정도 쉬워진다. 지도하여야 할 기술들에 대한 체크리스트를 만드는 것도 도움이 된다.

■ 제5단계 : 지도방법의 선택

무엇을 가르칠 것인지 목표와 우선순위가 결정되었으면 어떻게 지도할 것인지 지도방법을 선택해야 한다.

선수들을 지도하는 방법에는 다음과 같은 방법들이 있다.

❖ **직접형**……코치가 직접 설명하고 시범을 보이면서 지도하는 방법이다. 직접형으로 지도하려면 가르치려고 하는 기술에 대한 지식과 경험이 풍부해야 한다.

❖ **과제형**……차원이나 수준이 다른 몇 가지 과제를 준비하고, 선수들이 각자 어떤 과제를 선택하여 연습하게 하는 방법이다. 일정시간 동안의 연습이 끝나면 또는 코치가 보았을 때 어느 정도 숙달이 되면 다른 과제로 이동한다. 과제형 지도방법은 선수들이 각자 독립적으로 연습할 수 있다는 장점이 있다. 코치는 선수들이 연습할 때 순회하면서 피드백을 주면 되지만, 한두 선수에게 너무 집중하면 실패하게 된다.

❖ **상호형**……2인 1조로 짝을 지어주고, 서로 보조 또는 지도해주면서

연습하도록 하는 방법이다, 직접형이나 과제형 지도방법의 일부내용이 상호형과 서로 겹친다.

❖ 유도발견형……선수들에게 질문을 하면 선수들이 반응하면서 일련의 과제를 수행하도록 유도하는 방법이다, 이 방법은 선수 한 사람 한 사람이 가진 지식, 기술, 태도 등을 파악할 수 있을 뿐 아니라 선수들이 자기 주도형으로 책임감있게 훈련을 할 수 있다는 장점이 있다. 그러나 선수들에게 던지는 질문이 지도하려는 목표를 달성할 수 있도록 잘 짜여 있어야 한다.

❖ 문제해결형……질문을 통해서 해답을 찾는다는 점에서는 유도발견형과 비슷하지만, 질문의 내용이 선수들이 이미 경험한 것이라는 점이 다르다. 코치의 질문에 대하여 선수들이 자유롭게 다양한 의견을 제시할 수 있고, 그중에서 가장 좋다고 생각되는 방법을 선택해서 문제를 해결하여나가는 방법이다.

■ 제6단계 : 연습계획의 수립

연습해야할 내용과 우선순위가 결정되었으면 일일계획, 주간계획, 월별계획, 계절계획 등을 작성해야 한다.

연습계획은 시합일정에 맞추어서 최상의 컨디션으로 최상의 경기력을 발휘할 수 있도록 시즌 전, 시즌 중, 시즌 후로 구분해서 작성하는 것이 좋다.

연습계획에는 날짜, 시간, 목적, 장비, 기술내용, 평가 등이 포함되어 있어야 한다.

❷ 전문체육 프로그램의 실천 ························

■ 청소년스포츠 코칭 프로그램

청소년스포츠 코칭 프로그램은 초·중·고등학교 운동부 선수들을 지도하는 것을 말한다. 학교에서 교육의 일환으로 지도하는 것이므로 기능의 습득과 향상뿐만 아니라 인지적·정의적·사회적·정서적 발달을 도모할 수 있도록 해야 한다.

다음은 청소년스포츠 코칭 프로그램 개발 시 주의해야 할 사항이다.

❖ **코치 중심이 아니라 선수 중심의 프로그램이어야 한다**······청소년스포츠 코칭 프로그램은 전문스포츠이기 때문에 경기성적과 기록이 중요시된다. 그러나 경기성적이나 기록이 학생선수 개인의 전부가 될 수는 없다. 그러므로 학생선수가 전인적으로 성장할 수 있도록 하는 것이 성적이나 기록보다 우선시 되어야 한다. 즉 선수중심의 스포츠 코칭 프로그램이 되어야 한다.

❖ **인성을 지도하기 위한 지도계획도 반드시 있어야 한다**······학생선수들의 운동수행능력이나 경기전략(전술)만 가르치는 것이 아니라 선수들의 인성을 지도하는 계획도 반드시 포함되어야 한다. 경기기술과 경기전술을 지도하면서 함께 지도할 수 있는 인성의 요소를 찾아서 적용하려고 노력해야 한다. 예를 들어 동료에 대한 신뢰, 동료나 지도자와의 의사소통 기술, 스포츠맨십의 실천 등을 함께 가르쳐야 한다.

❖ **일상생활에 전이할 수 있어야 한다**······스포츠경기를 통해서 배우는 인내, 끈기, 배려, 존중, 즐거움, 성취감, 자기유능감, 책임감 등이 일상생활에 전이될 수 있도록 지도해야 한다. 일생 중에서 어떤 기간 동

안만 선수이고, 나머지 기간은 일반인이므로 일반인으로서 사회를 잘 살아갈 수 있는 기틀을 마련해주어야 한다.

■ 성인스포츠 코칭 프로그램

대학의 운동선수 또는 실업팀이나 프로팀의 운동선수들을 지도하는 프로그램을 말한다. 성인선수들은 목적이 뚜렷하고 직업이나 진로에 관심이 있으므로 자신이 판단해서 자신이 결정할 수 있도록 지도하는 것이 중요하다.

다음은 성인스포츠 코칭 프로그램 개발 시 주의해야할 사항이다.

❖ 명확한 목표 설정……선수들이 그동안 해 오던 훈련을 그대로 반복해서 연습하면 최고의 기량에 도달할 수 없다. 그러므로 선수들에게 이 훈련 프로그램의 목표가 무엇인지 분명히 알게 한 다음 선수 스스로 그 목표를 달성하기 위해서 노력하게 만들어야 한다.

❖ 자기 주도적인 환경을 마련해야……선수들이 모두 성인이므로 선수 자신이 가지고 있는 스포츠에 대한 지식과 기능을 바탕으로 해서 새로운 기술을 개발하거나 단점을 보완하거나 문제를 해결할 수 있는 환경을 만들어야 한다. 훈련계획이나 시합 등 의사결정 과정에 선수들을 참여시키고 선수들이 스스로 자기관리를 해나가도록 하면 자기 주도적인 환경이 조성된다.

❖ 지속적으로 자기 성찰을 할 수 있도록……앞에서 설명한 두 가지 사항은 모두 선수들이 스스로 자기성찰을 통해서 문제를 인식하고, 해결 방법을 찾아내도록 하는 것이다. 선수가 자신을 객관적으로 보고 객관적으로 판단할 수 있는 것이 바로 자기 성찰이다.

제5장

스포츠교육의 지도방법론

01 스포츠지도를 위한 교육모형

① 교육모형의 이해

　체육이라고 하면 신체를 통한 교육 내지 신체의 교육이라고 하는 교육의 한 분야라는 이미지가 강하게 풍겨 나온다. 그런데 체육을 교육으로 생각하지 않고 이론적인 연구가 주목적인 체육의 학문화 운동의 결과로 학문으로서의 체육을 강조하게 됨에 따라 체육교육도 학문적인 연구분야의 하나가 되었다. 그것이 바로 스포츠교육학(Sport Pedagogy)이다.

　건축물의 구조를 한눈에 알아 볼 수 있도록 작게 줄여서 만든 건축물을 모델이라고 하듯이, 교사의 수업행동과 수업구조를 한눈에 알아볼 수 있도록 계획서를 작성한 것을 교육모형이라고 한다. 즉 수업의 청사진을 교육모형이라고 할 수 있다.

　교육모형은 교사의 행동을 학생들이 따라하게 만드는 것이 아니라 특정 목적을 달성하기 위해서 교사가 여러 개의 모형 중에서 하나를 선택하는 것이다. 교육모형은 특정한 목적을 달성하기 위해서 선택하는 것이므로 일반적인 교수전략과는 다르다. 그러나 하나의 교육모형 안에 여러 가지의 교수전략이 포함되어 있는 경우가 많다.

　교육모형에는 다음과 같은 항목들이 포함되어 있어야 한다.

❖ 주제……교육모형을 간결하게 설명할 수 있는 문장이나 표어

❖ 개요……교육모형에 대한 간단한 설명과 특징 및 아래의 사항

• 내용선정 : 학습할 내용과 수행 성취기준을 누가 정하느냐?(교사가 결정하는 것을 직접적이라 하고, 학생이 결정하는 것을 간접적이

라 하며, 교사와 학생의 상호작용에 의해서 결정되면 상호작용적이라고 한다.)

- 수업운영 : 수업규칙과 상규적 활동을 누가 계획하고 결정하느냐?
- 과제제시 : 과제로 제시하는 것을 누가 계획하고 결정하느냐?
- 참여형태 : 학생들이 수업에 참여하는 방법과 정도가 누구에 의해서 결정되느냐?
- 상호작용 : 교사와 학생의 상호작용이 누구의 주도로 이루어지느냐?

❖ 교사……이 교육모형으로 수업을 진행하기 위해서 교사가 반드시 갖추고 있어야할 지식과 태도 또는 덕목

❷ 교육모형의 종류

■ 직접교수 모형

직접교수 모형의 핵심은 교사의 지도관리 하에 학생들에 연습을 많이 할 수 있도록 하고, 학생들이 연습하는 것을 교사가 관찰하면서 긍정적이고 교정적인 피드백을 가급적 많이 제공하는 것이다.

❖ 주제……교사가 수업의 리더 역할을 한다.

❖ 개요……교사가 주도적으로 수업을 조직하고 운영한다. 내용선정, 수업운영, 과제제시, 참여형태, 상호작용, 학습진도, 과제전개 등에 대한 결정권이 모두 교사에게 있다. 즉 모든 것이 직접적이다.

❖ 교사……명확한 학습목표와 학습과제를 제시해야 하며, 학생들에게 참여기회와 피드백을 제공할 수 있는 능력이 있어야 한다.

■ 개별화지도 모형

개별화지도 모형의 핵심은 교사가 미리 계획한 학습과제를 학생 개개인이 자신에게 맞는 속도로 배우도록 하는 것이다. 학습과제를 완수한 학생은 교사의 허락이나 지시 없이 전체 단원의 내용목록 중에서 다음 과제로 이동한다. 그러면 학생은 자기주도적인 학습자가 되고, 교사는 상호작용이 필요한 학생과 더 많은 상호작용을 할 수 있게 된다는 것이다. 심동적 영역과 인지적 영역의 학습에 매우 효과적인 모형이다.

- ❖ 주제……수업진도(가능한 한 빨리, 필요한 만큼 천천히)는 학생이 결정한다.
- ❖ 개요……학습진도가 빠른 학생은 교사의 동의없이도 진도를 계속 나갈 수 있고, 학습진도가 느린 학생은 교사와 상호작용하면서 학습할 수 있다. 내용선정과 과제제시는 교사가 계획하고 결정한다(직접적). 수업운영, 참여형태, 상호작용은 상호작용적이다. 학습진도와 과제전개는 학생이 정한다(간접적).
- ❖ 교사……간결하고 정확하게 학습목표를 제시해야 하고, 학생의 발달단계에 적합하도록 수업해야 한다. 수행 성취기준을 설정하고 타당한 평가방법을 알고 있어야 한다.

협동학습 모형

협동학습 모형의 핵심은 학습과제가 사회에서 업무를 수행하는 방식으로 수행된다는 것이다. 학생들은 공동 과제를 수행하면서 혼자서 배우는 것보다 함께 배우는 것이 좋다는 것을 알게 되고, 자신과 타인에 대해 더 잘 이해하게 된다. 팀원 중에서 능력이 뛰어난 학생과 그렇지 못한 학생 사이에 갈등이 생길 소지가 있다.

❖ 주제……서로를 위해 함께 배우기
❖ 개요……학생들의 학업성취 수준을 높이고 상호작용과 사회적 기술을 지도하기 위해서 만들어진 교육모형이다. 모든 학생에게 동등한 학습참여 기회를 보장하고, 학생 중심으로 수업이 이루어진다. 내용선정과 수업운영은 교사가 하고, 참여형태와 상호작용은 상호작용적이다.
❖ 교사……학생들의 성향과 재능을 고려해서 조를 편성해야 하고, 학습이론에 대한 지식이 풍부해야 한다. 효율적인 학습분위기를 조성할 수 있는 능력과 학습과제를 창의적이고 도전적으로 구조화할 수 있는 능력이 있어야 한다.

스포츠교육 모형

전통적인 스포츠 지도에서는 학생들은 선수라는 단 한 가지 역할만 학습하게 되지만 스포츠교육 모형에서는 모든 학생이 두 가지 이상의 역할 배우게 된다는 것이 핵심이다. 학생들을 완벽한 의미에서의 '스포츠인'으로 만드는 것을 목적으로 한다.

❖ 주제……유능하고 박식하며 열정적인 스포츠인으로 성장하기

❖ 개요……스포츠교육 모형은 학교의 체육수업이 스포츠기능 습득 중
심으로 운영되고 있어서 학생들이 실제 경기를 통한 즐거움과 흥미
를 거의 느끼지 못한 채 수업에 참여하고 있다는 비판에서 시작되었
고, 스포츠 리그의 조직으로부터 유래된 교육모형이다.

모든 학생들은 선수임과 동시에 리그의 운영자 중의 한 사람이 된
다. 리그 운영에 필요한 다양한 역할 경험을 통해서 스포츠의 다양
한 가치를 배우고 긍정적이면서 교육적인 체험을 하게 된다.

내용선정과 수업운영은 상호작용적이고, 과제제시 · 참여형태 · 상
호작용은 반은 직접적이고 반은 간접적이다.

❖ 교사……학생들은 선수, 팀원, 운영자의 3가지 역할을 학습해야 하
므로 교사는 스포츠와 리그의 조직에 대하여 풍부한 지식을 갖고 있
어야 한다. 학생의 수행 · 지식 · 행동에 의해서 종합적으로 평가해
야 하므로 평가에 대한 지식도 있어야 한다.

▶ 표 5-1　　스포츠교육 모형의 3가지 목적

유능한 스포츠인	» 경기에 참여할 수 있는 충분한 기술 » 경기의 난이도에 따라 적절한 전략의 이해나 실행 » 풍부한 경기지식
박식한 스포츠인	» 스포츠의 규칙 · 의례 · 전통의 이해 » 프로나 아마추어 스포츠를 막론하고 바람직한 수행과 그렇지 못한 수행의 구별
열정적인 스포츠인	» 어떤 스포츠문화이든 다양한 스포츠문화를 보존하고 증진할 수 있는 방향으로 행동하고 참여 » 지역사회, 국가 및 국제적인 수준의 스포츠경기 참여

▶ 표 5-2 스포츠교육 모형의 6가지 요소

시즌	» 전통적인 내용 단원보다 시즌이라는 개념을 이용한 체육수업 » 시즌은 연습기간, 시즌 전 기간, 정규 시즌, 시즌 후 기간 등을 포함하는 기간으로 20시간 이상의 수업 시수가 필요함
팀 소속	» 학생은 시즌 동안 한 팀의 멤버가 되어 시즌 종료 시까지 공동목표를 달성하기 위해 노력함 » 팀의 의사결정 과정에 참여하고, 성공과 실패를 함께함 » 팀의 정체성을 스스로 확립하여 많은 정의적·사회적 발달의 성취
공식경기	» 시즌의 조직과 운영에 관련된 의사결정 참여 » 경기의 공정성과 더 나은 경기운영을 위해 경기규칙 수정 » 공식 경기시즌에 관련된 장/단기 의사결정
결승전	» 결승전은 축제같은 분위기 속에서 치뤄져야 함 » 학생들은 자신의 역할을 충분히 발휘하여 참여해야 함
기록 보존	» 경기수행 과정에서 양산된 기록의 효율적인 사용 » 경기기록의 게시 또는 학습 결과의 평가 » 경기수행 과정에서 양산된 기록을 이용한 전략 수업
축제화	» 스포츠 이벤트는 축제 분위기를 조성 » 각 팀은 팀의 전통을 강조하는 고유의 팀 명칭 결정 » 시즌과 경기가 축제분위기 속에서 모두가 축하하는 자리가 되도록 유도

➜ 스포츠교육모형의 10가지 학습목표

» 특정 스포츠에 대한 기능과 체력을 발달시킨다.

» 스포츠 경기의 전략을 이해하고 수행할 수 있다.

» 발달 단계에 적합한 스포츠에 참여할 수 있다.

» 스포츠 경험에 대한 계획 수립 및 운영 방법의 결정과정에 적극 참여할 수 있다.

» 책임 있는 지도력을 배양한다.

» 공동의 목적을 위해 집단 내에서 효율적으로 참여할 수 있다.

» 각 스포츠의 고유한 의미가 내재해 있는 의례와 관습을 수행할 수 있다.

» 스포츠 쟁점에 대한 합리적인 의사결정 능력을 발달시킨다.

» 경기 심판이나 훈련 방법 등에 대한 지식을 발달시키고 적용한다.

» 방과 후 스포츠활동에 자발적으로 참여하도록 한다.

■ 동료교수 모형

동료교수 모형은 여러 학생이 연습하는 것을 교사 한 사람이 제대로 관찰하기 어려울 뿐 아니라 피드백을 주기도 어렵다는 문제점을 줄이기 위해서 고안된 학습모형이다. 개인 교사(임시로 교사의 역할을 담당하는 학생)와 학습자(개인교사의 관찰 및 감독 하에서 연습하는 학생)가 짝을 이루어 학습활동을 하지만 나머지 모든 것은 교사가 통제한다.

❖ 주제……나는 너를 가르치고, 너는 나를 가르친다.

❖ 개요……학생들이 교사의 역할과 학습자의 역할을 번갈아가면서 수행함으로써 주어진 학습과제를 완수해나가는 방법이다. 동료교수 모형은 '학생들이 교대로 서로 가르치는 것'이고, 협동학습 모형은 '서로 함께 배우는 것'이라는 점이 다르다. 학습진도는 학생이 결정하고, 상호작용은 상호작용적이다. 나머지 내용선정, 수업운영, 과제제시, 참여형태 등은 모두 교사가 결정하므로 동료교수 모형은 직접교수 모형을 약간 수정한 모형이라고 할 수 있다.

❖ 교사……운동기능이나 개념 같이 지도해야 할 내용을 잘 알고 있으면서 순차적으로 학습과제로 제시할 수 있는 능력과 교사(동료교사)

와 학습자가 서로 책임감을 느낄 수 있는 분위기를 조성하는 것이 중요하다.

■ 탐구수업 모형

학생들을 지적·신체적·정서적으로 모두 발달시키기 위해서 전체 지도 단원에 걸쳐서 거의 독점적으로 질문을 활용해야 탐구수업 모형이라 할 수 있고, 움직임에 대하여 깊이 탐구하고 발견의 기회를 제공할 필요가 있을 때 적용한다.

❖ 주제……문제 해결자로서의 학습자

❖ 개요……학생들에게 주어진 문제를 해결할 수 있는 능력을 길러주는 데에 초점을 맞춘 수업방법이다. 교사가 학생에게 사고력·문제해결력·탐구력 등을 향상시킬 수 있는 질문을 하면, 학생이 언어나 움직임의 형태로 대답을 하되 정해진 답변이 아닌 창의적이며 폭 넓은 대답을 함으로써 수업이 이루어진다.

내용선정과 과제제시는 직접적, 수업운영은 직접적과 상호작용적의 중간, 참여형태는 간접적, 상호작용은 상호작용적이다.

❖ 교사……학생에게 질문을 잘해야 수업이 이루어지기 때문에 발달이론과 발견학습에 관한 지식이 풍부해야 한다. 체육시간에 인지교육을 할 수 있다는 것이 특징이므로 인지적 지식의 유형을 분석하는 능력과 다양한 체육교육의 내용도 숙지하고 있어야 한다.

■ 전술게임 모형

전통적인 체육수업에서는 게임의 부분 기능만을 학습하지만 전술게임 모형에서는 실제 게임과 유사한 학습활동을 통해서 게임을 수행하는 데에 필요한 가장 본질적인 전술들을 학습할 수 있다는 것이 핵심이다.

❖ 주제……이해 중심의 게임 지도

❖ 개요……전통적인 체육수업에서는 게임의 부분 기능을 연습하고 게임의 규칙을 간단히 소개한 후에 경기를 하는 방식으로 전개된다. 그렇게 되면 실제 게임을 하는 시간이 아주 짧기 때문에 자신의 운동기능을 경기에서 활용하지 못하는 측면이 있다. 전술게임 모형에서는 부분적인 기능의 학습보다는 실제로 게임을 하면서 필요한 전략이나 기능을 학습하는 것이 가장 큰 특징이다. 내용선정과 수업운영은 교사가 하고, 과제제시와 참여형태는 교사가 하되 학생에게 약간의 선택권이 주어진다. 상호작용과 학습진도는 상호작용적이다.

❖ 교사……인지적 영역과 심동적 영역의 상호작용을 기초로 학습목표를 수립해야 하고, 학생이 연역적인 질문을 통해서 문제를 해결할 수 있도록 유도해야 한다.

실제게임 형식을 변형시켜서 게임을 설계할 수 있는 능력이 있어야 한다.

■ 개인적·사회적 책임감지도 모형

체육이라는 교과목을 아동과 청소년의 전인 교육에 공헌하는 과목으로 자리매김하기 위해서 등장한 모형이다. 책임감과 신체활동이 별개의 학습 결과가 아니므로 두 가지가 동시에 추구되고 성취되어야 한다는 것이다. 그러기 위해서는 모든 학생들이 신체활동을 연습하는 동안에 긍정적인 행동을 배우고, 바람직한 의사결정 습관을 발달시킬 수 있도록 안전한 학습 경험을 제공하고 해야 하고, 교사와 학생들 간의 대화가 아주 중요하다.

❖ 주제……통합, 전이, 권한 위임, 교사와 학생의 관계

▶ 표 5-3   책임감 수준

수준	특 징	의사결정과 행동의 관계
5	전이	» 지역 사회 환경에서 타인 가르치기 » 학교 밖에서 훌륭한 역할 본보기 되기
4	돌봄과 배려	» 먼저 단정하지 않고, 경청하고 대응하기 » 타인의 요구와 감정을 인정
3	자기 방향 설정 (자기 주도)	» 교사 감독 없이 과제 완수(학생 스스로 계획) » 자기 평가 기능 » 자기 목표 설정 기능
2	참여와 노력	» 자기 동기 부여 있음(자발적 동기 부여 → 교사의 관리) » 의무감이 없는 자발적 참여 » 열심히 시도하는 학습(실패하는 것도 좋음)
1	타인의 권리와 감정 존중	» 다른 사람을 방해하지 않고 참여하기 » 타인을 고려하면서 안전하게 참여하기 » 자기 통제 보임(기질, 언어)
0	무책임감	» 자기 통제 능력 없음, 참여 의지 없음 » 비난하기, 욕하기, 괴롭히기, 놀리기, 수업 방해하기…

❖ 개요……위험한 환경에 노출되어 각종 교육적 혜택을 받지 못하는 불우한 학생들에게 체육을 가르치기 위해서 개발되었다. 학생이 자신과 타인에게 책임지는 방법을 체육을 통해서 가르치려는 것이다. 내용선정과 과제제시는 교사가 하고, 수업운영은 학생과 교사가 상호작용적으로 한다.

❖ 교사……신체활동의 내용을 책임감의 각 수준에서 활용하는 방법을 알고 있어야 하고, 청소년의 정서적 성숙과 사회적 기술에 대한 지식이 풍부해야 한다.

■ 하나로수업 모형(인성함양 체육수업 모형)

체육활동을 통해서 단순히 신체적 측면만을 발달시키는 것이 아니라, 전인(全人)을 길러내려고 하는 수업모형이다. 하나로수업 모형에서는 학생들이 갖추어야 할 핵심적인 인성요소로 지(知-성실), 예(禮-협동), 의(義-정의), 인(仁-배려)을 들고 있다.

하나로 수업모형에서는 전인(참 좋은 사람)을 길러내기 위한 네 가지 목표를 제시하고 있다.

❖ 기능, 지식, 태도를 하나로……그리하여 전인이 되도록! = 스포츠의 본 모습을 종합적으로 체험하는 것

❖ 하기, 읽기, 쓰기, 보기, 듣기를 하나로……그리하여 온몸과 마음으로 겪는 수업이 되도록! = 총체적 스포츠 경험의 구체적인 형식

❖ 학교공부와 일상생활을 하나로!……그리하여 삶의 체육이 되도록! = 스포츠를 통해 학교에서 배운 것을 일상생활에서 실천하는 것(삶과 교육의 일치)

❖ 서로 다른 사람을 하나로!……그리하여 모두를 위한 체육이 되도록! =
타인과의 소통과 관계를 지향한다.

인성 함양과 연계된 하나로 수업의 목표 달성을 위해 학생들이 체험하
고 이해할 수 있도록 수업을 구조화 하는 방식은 두 가지 방식이 있다.

❖ **직접체험활동**……운동을 잘 하는 것(기능적 내용)과 관련된 활동으로
기술 및 전술연습, 게임, 반성일지 작성, 동작 분석 등의 활동들을 일
컬음.

❖ **간접체험활동**……운동을 잘 아는 것(서사적 내용)과 관련된 활동으로
읽고, 보고, 쓰고, 듣는 등의 활동으로 운동에 담겨진 인문적 측면들
의 내용들을 체험하는 활동을 의미한다. 예를 들어 스포츠 영화감상,
소설과 시 읽기, 동호회 방문, 시합 관람 등은 체육수업 내에서 동시
다발적으로 학생들에게 제시되고 체험됨. 이는 인성함양을 위해 직
접체험활동에 해당되는 신체활동과 더불어 간접체험활동에 해당하
는 가치를 생각하고 판단하는 능력의 배양과 동시에 마음과 심성에
까지 영향을 미치게 하는, 준비된 체험 활동들을 제시하는 것이다.

하나로 수업 모형의 수업 목표를 성취하고 선정된 직접체험활동과 간
접체험활동을 전달하는 방법에는 직접교수활동과 간접교수활동이 있다.

❖ **직접교수활동**……기법적(技法的) 차원의 수업내용을 가르치기 위한
것으로 설명하기, 피드백 주기, 시범보이기, 이론 설명하기 등 겉으
로 드러나는 교사의 지도행동을 의미한다.

❖ **간접교수활동**……심법적(心法的) 차원의 수업내용을 가르치기 위한
것으로 교사가 직접교수활동을 할 때 학생들에게 간접적으로 전수
되는 마음과 행동을 의미한다. 직접교수활동처럼 직접 가르치려는

의도나 목적으로 행해지지는 않지만, 학생들의 내면에 영향을 미치는 교사의 용모, 표정, 몸짓, 어투, 사랑, 열정, 유머, 매너 등 학생들에게 간접적으로 전수되는 측면들을 말하고, 교사의 가르치는 스타일과 관련되어 있다.

02 스포츠지도를 위한 교수기법

교사 또는 스포츠지도사가 학습활동을 통해서 학습자를 지도했을 때 ① 학습자가 무엇인가를 배워서 알게 되었고, ② 학습과정을 학습자가 즐겁게 받아들였으며, ③ 그러한 학습이 지속적으로 이루어지면 성공적인 스포츠지도라고 한다.

교사나 스포츠지도사가 학생들을 성공적으로 지도하는 수업에서는 다음과 같은 특징들이 발견된다.

» 학습내용과 관련된 활동시간이 많다.
» 학습자가 과제에 참여할 수 있는 기회가 많다.
» 학습내용이 학습자의 발달과정에 적절하다.
» 따뜻하고 긍정적인 학습분위기가 유지된다.

① 지도를 위한 준비

학생들을 지도하려면 먼저 지도계획을 작성해야 하는데, 그 지도안을 작성하려면 다음과 같은 것들을 먼저 분석해봐야 한다.

❖ 맥락 분석
 • 가르치고자 하는 내용이 무엇인가?
 • 학습자의 발달수준에 가르치려는 내용이 적절한가?
 • 학습자들이 그 내용을 배우고 싶어 하는가?
 • 가르치는 순서는?
 • 가르치는 데 필요한 시간은?
 • 공간과 시설은?
 • 장비는?
 • 도움을 받을 수 있는가?

❖ 내용 분석……가르칠 내용과 순서 및 시간을 정한 다음 그것을 차시별로 정리한다.

❖ 학습목표 분석……체육시간이라고 해서 운동기능만 가르치는 것이 아니다.
 • 행동목표 = 성취해야할 기능 또는 행동, 지식
 • 일반목표 = 인지적 목표 + 정의적 목표

❖ 관리구조 분석……학습관리, 안전관리, 출석관리, 용기구 관리 등

❖ 평가
 • 평가의 기준은?
 • 평가의 방법은?
 • 평가의 절차는?

- 평가의 시기는?
❖ 지도자와 학습자의 역할과 임무
  - 운동기능의 숙달? → 지시자의 역할
  - 운동기능의 창조? → 추진자의 역할

❷ 지도계획안의 작성

지도계획안을 작성해두면 시간 · 노력 · 자원을 효율적으로 이용할 수 있고, 학생들의 학습 성취도가 높아지며, 전체적인 지도과정을 손쉽게 확인할 수 있다.

지도계획안을 작성할 때에는 다음과 같은 사항들을 고려해야 한다.

» 정교하고 유연한 계획을 수립해야 한다.
» 자신이 사용할 목적으로 작성해야 한다.
» 학습자들이 학습과제를 계획보다 빨리 성취했을 때를 대비해서 추가 학습계획을 수립해 두어야 하고, 학습과정에 돌발적인 사태가 발생했을 때를 대비해서 대안계획을 수립해 두어야 한다.

❸ 지도내용 연습 시 지도자의 행동

학생들이 지도내용을 연습하는 동안에 지도자가 취하는 행동에는 직접적인 기여행동, 간접적인 기여행동, 비기여행동, 학습자와의 상호작용 등이 있다.

■ 직접적인 기여행동

직접적인 기여행동은 지도자가 취하는 행동이 학생들의 학습에 직접적으로 영향을 미치는 행동을 말하고, 교수행동과 운영행동으로 나눌 수 있다.

교수행동은 학습과제를 학생들에게 가르치는 행동으로 수행방법의 설명, 학생들이 연습하는 것을 관찰하기, 학생들이 연습하는 것을 도와주기, 잘못 수행하는 것을 교정해주기, 더 발전시키기 등이 있다.

운영행동은 학습환경을 조성하는 행동으로 교구 정리하기, 팀 구성하기, 학생을 통솔해서 수업에 잘 임할 수 있도록 분위기 조성하기 등이 있다.

성공적인 지도를 위해서는 수업에 직접적인 기여행동의 비율이 간접적인 기여행동이나 비기여행동보다 더 높아야 한다.

다음과 같은 직접적 기여활동이 아주 효과적이다.

» 안전한 학습환경을 유지하기 위한 행동
» 학습과제를 명확하게 하고, 학생들의 과제 참여를 강화시키기 위한 행동
» 생산적인 교수활동
» 효과적인 피드백 제공
» 개인과 소집단을 위한 학습과제의 변경 또는 수정
» 학습자들의 반응을 관찰하고 분석하기

■ 간접적인 기여행동

학생들의 학습활동과 관련은 있지만 직접적인 교수활동은 아닌 것을 간

접적인 기여행동이라고 한다.

간접적인 기여행동에는 다음과 같은 것들이 있을 수 있다.

» 부상당한 학습자 돌보기

» 학습내용과 관련이 없는 내용에 대하여 학습자와 이야기하기 : 친절하지만 신속하게 끝내고 가급적이면 수업이 끝난 후에 한다.

» 용변이나 물 마시는 행동 처리하기

» 학생들의 연습경기에서 심판보기 : 동작이나 전술의 시범을 보이려고 또는 동기유발을 목적으로 심판을 보아도 되지만, 다른 학생들이 지도사와 아무런 관계도 없이 방치된다는 것을 기억해야 한다.

■ 비기여행동

학생들이 연습하고 있는 동안에 학부형과 이야기한다든지 잠깐 다른 일을 보는 것처럼 수업에 전혀 도움이 되지 않는 행동을 하는 것이다. 비기여행동은 가능한 한 안 하려고 노력해야 한다.

■ 학습자와의 상호작용

교사와 학생이 서로 의사소통을 하는 것을 학습자와의 상호작용이라고 한다.

간접적인 기여활동에서의 상호작용은 수업내용과 관련이 없는 것이고, 여기에서의 상호작용은 수업내용과 관련이 있는 것이다.

교사와 학생 간의 의사소통은 교사의 의견을 학생에게 전달하는 의사전달과 학생의 의견을 교사가 받아들이는 의사수용으로 나눌 수 있다.

의사전달을 효과적으로 하려면 다음과 같은 전략이 있어야 한다.

» 말하는 사람의 주체를 분명하게 해야 한다.

» 판단하지 말고 설명해야 한다.

» 학생의 입장을 이해하여야 한다.

» 다른 사람의 감정을 민감하게 받아들여야 한다.

» 언어적 단서와 비언어적 단서에 모두 유의해야 한다.

한편 의사수용을 효과적으로 하려면 다음과 같은 전략이 있어야 한다.

» 들은 이야기를 정확하게 이해해야 한다.

» 비언어적 단서에 유의해야 한다.

» 주의를 집중해야 한다.

» 자신이 느끼고 있는 감정이 학생이 하는 말에 영향을 미친다는 것을
  알아야 한다.

❹ 효과적인 관리운영

스포츠지도 행동은 크게 지도행동과 관리행동으로 나눌 수 있다. 지도
행동은 준비운동, 과제의 제시와 연습, 피드백 제공, 평가 등과 같이 수업
지도와 직접적으로 관련이 있는 행동이다.

그에 반해서 관리행동은 집합시키기, 출석 확인, 줄 세우기, 학습 참관학
생의 처리, 상규적 활동의 처리 등과 같이 수업내용과는 관련이 없지만 수
업을 하려면 반드시 일어나는(필요한) 행동이다. 그러므로 관리행동을 신
속하고 정확하게 처리하면 할수록 지도행동에 할애할 수 있는 시간이 늘
어난다.

효과적인 지도를 위해서는 다음과 같은 관리전략이 필요하다.

❖ 상규적 활동관리……수업시작, 출석점검, 화장실에 가거나 물 마시러 가기와 같이 수업시간에 반복적으로 일어나는 일상적인 활동을 말한다. 상규적 활동이 일어날 때마다 매번 가르칠 필요는 없고 루틴으로 만들어주면 좋다.

❖ 예방적 수업 운영……직접적으로 학습지도를 하지는 않지만 수업 자체를 관리하는 것이다. 효율적으로 수업을 운영하려면 수업시간의 엄수, 출석점검 시간의 절약, 주의집중 신호의 반복적인 연습, 격려와 주의 환기 등에 관련된 기술을 구사해야 한다.

❖ 수업흐름의 관리……교사나 지도자가 지나치게 간섭하여서 학습자들의 학습활동을 중단시키는 일이 없어야 한다.

❖ 학습자 관리……학습자들이 수업에 방해가 되거나 부적절한 행동을 하지 않게 하는 것이다.

03 수업관리 전략

❶ 칭찬하기

학생이 실수했을 때 기술지도와 격려를 많이 해주는 교사, 설명 위주로 대화를 하는 교사, 칭찬을 자주 해주는 교사를 학생들이 선호한다. 칭찬과 격려를 자주 하기 위해서는 바람직한 행동이 무엇인지를 학생들에게 명확하게 제시해야 한다. 그러면 학생들도 그에 따라서 행동하게 된다.

➔ 바람직한 행동의 예

- 수업에 빠지지 않는다.
- 체육복을 제대로 갖추어 입는다.
- 설명할 때 경청한다.
- 게으름을 피우지 않고 열심히 연습한다.
- 설명한대로 바른 동작을 연습한다.
- 친구를 도와준다.
- 규칙을 잘 지킨다.

칭찬하는 방법에 따라서 어떤 학생에게는 효과적이고 어떤 학생에게는 별 효과가 없을 수도 있다.

» 외향적인 학생은 여러 학생들 앞에서, 내향적인 학생은 조용하게 개인적으로 칭찬해준다.

» 기술수준이 낮은 학생에게는 자주, 뛰어난 학생에게는 가끔씩 칭찬해준다.

» 초기 단계에서는 자주, 시간이 지나면 횟수를 줄여가면서 칭찬해준다.

» 칭찬은 바람직한 행동이 나타난 직후에 해주는 것이 좋다. 칭찬해줄 기회를 놓쳤더라도 추후에 반드시 칭찬해주는 것이 좋다.

❷ 수업동기의 유발

말을 물가로 데리고 갈 수는 있지만 억지로 물을 먹일 수는 없듯이, 체육수업을 하기 싫어하는 학생을 억지로 수업에 끌어들이려고 노력해보아야 별 효과가 없다. 학생이 수업에 임하려고 하는 의욕을 수업동기라 하고,

수업동기가 높을수록 수업의 효과가 높아진다.

수업동기를 높이는 방법은 다음과 같다(TARGET의 원리).

» 과제(Task)는 개인별로, 개인의 수준에 맞고, 난이도가 적당한 과제를 제시해야 한다. 그러기 위해서는 하나의 과제보다는 여러 개의 과제를 제시하고 선택권을 준다.

» 결정권(Authority)을 학생에게 준다. 연습방법이나 수업 규칙을 정할 때 학생의 의견을 경청한 후에 적극적으로 반영해주는 것이 좋다. 학생의 의견이 반영되면 자신의 의견이 존중되었으므로 학생 스스로 책임지려고 한다.

» 학생을 인정(Recognition)해준다. 학생의 실력이 향상되었을 때, 학생이 열심히 노력했을 때, 그것을 어떻게 인정해주고 보상할 것인가를 미리서 말해준다. 공개적인 인정보다는 개인별로 인정해주는 것이 좋고, 모든 학생이 공평하게 인정 받을 수 있어야 한다.

» 집단(Grouping) 편성을 한다. 잘하는 학생과 못하는 학생이 같은 집단에 속하도록 집단 편성에 융통성을 발휘한다. 또한 집단편성 방식도 일대 일 집단, 소집단, 대집단 등과 같이 여러 가지로 변형시킨다.

» 평가(Evaluation)에 반영한다. 학생의 노력 정도, 개인별 목표달성 정도 등을 기준으로 평가한다. 학생 스스로 자기평가를 할 수 있는 기회를 자주 주는 것도 좋다. 평가가 수업목표와 동떨어지면 안 된다.

» 시간(Timing)을 충분히 준다. 학생들의 학습속도에는 개인차가 있으므로 개인의 향상도를 고려해서 충분한 연습시간을 주어야 한다.

❸ 수업 재미 ··

　　체육수업이 재미없어 보이면 마지못해 참여하고, 일단 시작했더라고 중간에 포기할 가능성이 많다. 체육수업에서 학생들이 재미를 느끼는가 못 느끼는가에 따라서 체육수업에 임하는 태도가 달라지고, 체육에 대한 인식이 달라진다. 학생시절에 체육에 재미를 느껴보지 못한 사람은 성인이 되어서도 운동에 참여할 가능성이 아주 적다. 재미는 순간적으로 느끼는 좋은 감정이지만, 그 효과는 장기간에 걸쳐서 광범위하게 나타난다.

　　» 재미는 역경과 도전을 이겨낼 수 있다는 자신감을 길러준다.
　　» 주위 사람과 재미있게 지내면 신뢰감이 생기고, 정서적 유대가 강해진다.
　　» 재미를 느끼면 스트레스를 해소해주고 긴장에서 벗어난다.
　　» 재미를 느끼면 부상이나 질병에서 빨리 회복된다.
　　» 재미를 자주 체험하면 심리적 안정감이 높아진다.
　　» 재미는 집단의 응집력을 높이고 대인 관계에서 사교성이 좋아진다.

　　다음은 학생들이 체육수업에서 재미를 느끼는 요인들이다.
　　» 학생이 좋아하는 활동을 한다.
　　» 교실 밖에서 수업을 한다.
　　» 친구들과 어울려 운동을 한다.
　　» 이론과목이 아니다.
　　» 스트레스가 해소된다.
　　» 운동기술을 습득한다.
　　» 건강과 체력이 증진된다.

　　» 성취감을 맛볼 수 있다.

④ 체육수업과 몰입

　　몰입(flow)은 운동연습을 하거나 게임을 하는 중에 아무런 힘도 들지 않고, 시간이 흐르는 것도 느끼지 못하는 상태에서 몸과 마음이 하나가 된 상태를 말한다. 학자들에 의하면 몰입은 운동 그 자체가 좋아서 운동을 하는 원동력이 된다고 한다. 운동뿐만 아니라 장기나 바둑, 독서, 음악 등을 할 때도 몰입을 경험할 수 있다.

　　다음은 몰입상태에 이르렀을 때 발견되는 공통점이다. 이 공통점들을 잘 이용하면 학생들이 체육수업에 적극적으로 참여하도록 유도할 수 있을 것이다.

　　» 학생의 기술수준과 운동과제가 일치할 때 몰입을 경험할 수 있다. 기술수준은 높으나 운동목표의 수준이 낮으면 지루함을 느끼고, 기술수준은 낮으나 운동목표의 수준이 높으면 스트레스를 느끼게 된다.

　　» 몰입의 순간에는 운동에 도취된 듯한 상태를 경험한다. 몰입의 순간에는 동작에 몰두한 나머지 교사를 포함하여 주변 사람을 전혀 의식하지 않게 되고, 자기 자신에 대한 걱정도 전혀 없는 상태가 된다. 따라서 모든 에너지를 지금 하고 있는 동작에 쏟아 붓게 된다.

　　» 몰입상태에서는 자신과 주변을 의식하지 않는다. 몰입상태에서는 자신이 남에게 어떻게 비춰진 것인가? 남들이 나를 어떻게 생각한 것인가? 등의 모든 걱정이 사라진다.

　　» 몰입상태에서는 힘이 전혀 들지 않는다. 몰입의 순간에는 동작은 거의 완벽하게 이루어지지만, 거의 힘을 안 들이고 자동적으로 동작을

하는 느낌이 든다. 남들이 보기에는 강도 높은 운동을 하는 것처럼 보이지만, 실제로는 힘이 전혀 들지 않고 자동적으로 동작이 이루어지는 것 같은 느낌이 든다.

» 몰입상태에서는 시간과 공간 감각이 왜곡된다. 몰입의 순간에는 실제 시간보다 훨씬 시간이 빨리 지나가는 것처럼 느껴진다. 즉 게임이 먼저 끝났어도 모르는 경우가 생긴다. 시간이 멈추어 있는 것처럼 느낀다는 사람도 있고, 공이 더 크게 보인다거나 타겟이 달덩이처럼 크게 보인다고 하는 사람도 있다.

❺ 동작설명

학생들에게 새로운 기술이나 동작을 가르칠 때에 맨먼저 하는 것이 교사의 동작설명이다. 교사의 동작설명에 따라서 학생들의 학습동기가 크게 좌우되므로 동작설명을 잘해야 된다.

■ 학생들의 관심을 끈다

동작설명의 효과를 높이기 위해서는 첫째로 학생들의 관심을 끌어야 한다. 학생들의 관심을 끄는 자신만의 특별한 방법이 있을 수도 있고, 특별한 제스처 또는 표정을 지을 수도 있다.

다음은 학생의 관심을 끌 수 있는 방법들이다.

» 특별한 의식이나 루틴을 만든다.

» 호루라기를 불거나 사인을 보낸다.

» 보통 말하는 것보다 약간 큰 소리로, 단호하지만 친근한 말투로 말을 한다.

» 장난치는 학생의 이름을 부르거나 주의를 준다.

» 처벌은 최후의 수단이다.

■ 동작설명을 할 때 고려사항

» 전원이 볼 수 있고 들을 수 있는 대형을 만든다.

» 교사의 뒤 쪽에 학생들의 시선을 끌만한 사람이나 물건이 없도록 한다.

» 운동장을 다른 반과 함께 사용할 경우 학생들이 다른 반 학생들을 볼 수 없게 만들어야 한다.

» 소음이 없는 곳을 택한다.

» 학생들이 햇빛을 마주보지 않게 한다.

■ 동작설명의 원칙

학생들을 동작설명을 할 수 있는 대형으로 집합시키고 주의를 집중시킨 다음 즉시 동작설명을 시작하되 다음 5가지 원칙을 지키는 것이 중요하다. 그래야 동작설명의 효과를 극대화시킬 수 있다.

» 짧고, 쉽고, 명확하게

» 비유적인 표현을 찾는다. 설명하는 동작의 개념을 쉽게 이해할 수 있는 비유적인 표현을 이용한다. 예를 들어서 농구에서 슛을 한 다음의 팔 동작을 "슛을 한 다음 손 전체를 링 속으로 집어넣는 듯한 동작을 취하라!"와 같이 표현한다. 다른 비유적인 예를 들면

- 의자에 앉듯이
- 항아리를 껴안듯이
- 라켓을 집어던지듯이
- 어깨로 밀듯이
- 달걀을 쥐듯이

» 이미 배운 동작과 연관을 시킨다. 이전에 배운 동작에서 비슷한 점을 찾아낸 다음 그 원리를 이용하면 새로운 동작을 쉽게 배울 수 있다.

» 각 구분 동작마다 말로 명칭을 붙여준다. 예를 들어 앞구르기의 구분동작에 차례로 "양손, 고개, 등"이라는 이름을 붙이는 것이다. 그러면 동작의 순서와 구분동작의 특징을 쉽게 기억할 수 있다.

» 중요한 것 1~2개만. 설명을 자세히 해봐야 별 효과가 없다. 가장 중요한 것 1~2가지만 말하고, 그것이 어느 정도 숙달이 되면 그 다음으로 중요한 것을 말한다.

■ 동작설명의 자기평가

교사마다 동작설명을 하는 습관이 있다. 자신이 하던대로만 한다면 발전이 없을 것이므로 자신이 동작설명하는 것을 비디오로 촬영한 다음 재생하여 보면서 다음에 있는 체크리스트에 체크를 해보아라.

동작설명 체크리스트

♣ 각 문항에 '예', '아니오'로 대답하시오.

- 수업을 시작할 때 특별한 의식이나 루틴이 있다.
- 학생 전원이 편안하게 보고 들을 수 있는 대형을 만든 다음에 설명을 시작한다.
- 학생의 시선이 가는 방향에 방해물이 없다(예 : 햇빛 등)
- 소음 때문에 설명을 제대로 듣지 못하는 일이 없도록 한다.
- 학생들의 주의를 집중시킨 다음에 설명을 시작한다.
- 장난치는 학생이 있더라도 감정을 절제한다.
- 학생을 비하하거나 비꼬는 말은 하지 않는다.
- 어법에 맞는 표현을 쓴다.
- 설명할 때 말과 행동에서 열정이 느껴진다.
- 전원이 들을 수 있도록 또박또박 큰 소리로 설명한다.
- 학생들이 잘 이해할 수 있는 속도로 말을 한다.
- 학생들의 수준에 맞도록 간단 명료하게 설명한다.
- 학생쪽을 보면서 설명한다.
- 말을 할 때 학생과 눈을 마주친다.
- 동작의 명칭을 말해준다.
- 동작의 목적을 말해준다.
- 그 동작을 배워야 하는 이유를 설명해서 동기를 유발한다.
- 그 동작을 아주 잘 하는 선수 1~2명을 언급한다.
- 설명을 짧고, 쉽게 한다.
- 설명한 후에 바로 시범을 보여준다.
- 시범 보이는 방법을 말해준다.
- 그 동작의 단서가 되는 말을 만든다.
- 비유적인 표현을 이용한다.
- 앞에서 배운 동작과 연관을 짓는다.
- 말로 하는 연습을 한다.

채점방법

➜ 문항마다 '예'는 2점, '아니오'는 1점을 매긴다.

➜ 총점을 계산한 다음 아래 기준에 의해서 평가한다.

46~50점 : 매우 좋음

41~45점 : 평균 이상

35~40점 : 평균

30~34점 : 평균 이하

25~29점 : 노력 요함

❻ 시범 보이기

배울 동작을 말로 설명한 다음 시범을 보여주면 이해도가 크게 높아진다. 시범을 보여주는 것 자체로 학생들의 주의를 끌 수 있다. 동작의 핵심 포인트를 기억할 수 있도록 몇 차례 반복해서 시범을 보여주면서 동작의 단서 몇 가지를 말해주면 더욱 더 좋다. 새로운 동작을 배우려고 할 때 일부 학생들은 불안감을 갖고 회피하려고 한다. 그런 학생들도 시범을 보고 나면 도전할 의욕이 생기는 경우가 많다.

■ 시범을 보여주는 시기

❖ 연습 시작 전에……새로운 동작을 배우려고 할 때 구두로 동작을 설명한 다음에 시범을 보여준다. 전에 배운 동작을 연습하려고 할 때에도 연습시작 전에 시범을 보여주면 좋다. 그때에는 핵심포인트 하

나씩을 지적하는 것이 효과적이다.

❖ 연습 중간에……학생들이 자주 하는 실수를 판단할 수 있도록 도와
   주기 위해서 시범을 보이는 것이다. 그때는 실수를 고칠 수 있는 단
   서를 가르쳐주는 시범이어야 한다.

❖ 수업을 정리할 때에……수업을 정리하면서 시범을 보여주면 학생들
   은 머릿속으로 따라하게 된다. 그러면 이미지트레이닝의 효과를 얻
   을 수도 있다. 그 경우에는 가장 잘하는 학생을 선발해서 시범을 보
   여주는 것이 효과적이다.

■ 시범을 보일 때의 대형과 각도

시범을 잘 보여주기 위해서는 시범을 잘 관찰할 수 있는 대형을 미리
만들어야 한다. 즉 구두로 설명할 때 시범을 관찰할 것을 대비해서 미리 대
형을 만드는 것이다. 설명하는 장소와 시범을 보이는 장소가 서로 다르면
시범과 설명의 효과가 모두 감소된다.

시범을 잘 관찰할 수 있는 대형에는 직선지그재그형, 반원지그재그형,
서고-무릎앉고-앉기 대형 등이 있다. 시범을 보일 때는 관찰하는 학생들
이 모두 같은 각도에서 관찰할 수 있도록 배려해야 한다. 학생들이 좌우로
긴 대형을 이루면서 시범을 관찰한다고 하면 가운데 학생은 정면에서 관
찰을 하고 양쪽 가의 학생들은 오른쪽 아니면 왼쪽 각도에서 관찰하게 되
므로 느낌이 다를 수밖에 없다.

■ 시범을 보여주는 각도

교사가 학생들을 바라보고 서서 시범을 보인다면 학생들은 교사의 앞 모습만을 볼 수 있게 된다. 물론 앞 모습만을 보고도 충분히 잘 따라서 할 수 있는 동작도 있지만 농구의 드리블하는 동작을 앞 모습만 보고 따라 한 다는 것은 거의 불가능하다.

그러한 경우에는 교사가 옆으로 돌아서서 시범을 보이면 학생들은 옆 모습도 관찰할 수 있게 되어서 드리블 동작을 이해하기 쉽게 된다.

❖ 등지고 시범 보이기……테니스의 포핸드스트로크나 백핸드스트로크 등의 동작을 시범 보일 때에는 교사의 앞모습이나 옆모습을 관찰하 는 것보다는 교사의 뒷모습을 관찰하는 것이 훨씬 더 유용하다. 이 경우에는 교사가 학생들을 등지고 시범을 보이면 된다. 체조 동작, 에어로빅 동작, 무용 동작 등은 학생들이 좌/우를 혼동하기 쉽다. 그 런 경우에는 등지고 시범 보이기가 아주 유용하다.

❖ 좌우를 바꿔서 시범 보이기……등지고 시범 보이기를 하면 교사가 학 생을 관찰할 수가 없다. 교사가 학생을 마주 바라보면서도 등지고 시범 보이기와 비슷한 효과를 얻을 수 있는 방법이 좌우를 바꿔서 시범 보이기이다. 즉 오른손으로 해야할 동작을 왼손으로 하고, 왼 손으로 할 동작을 오른손으로 하는 것이다. 이 경우 학생 중에서 일 부러 교사와 반대방향으로 하는 학생도 있을 수 있으므로 주의해야 한다.

❖ 거울을 이용해서 시범 보이기……체육관이나 무용실에는 대개 큰 거울 이 걸려 있다. 거울 앞에서 시범을 보이면 학생들은 앞모습을 볼 수 도 있고, 뒷모습을 볼 수도 있다. 이 경우에는 앞모습을 보는 것이 중 요한지 뒷모습을 보는 것이 중요한지 설명해주는 것이 좋다.

■ 시범을 보여주는 모델

누가 시범을 보일 것인가의 문제이다. 시범을 보여주는 모델은 학생과 비슷할수록 좋다(모델의 유사성). 즉 학생과 모델이 나이·성별·체격 등이 모두 비슷하면 학생들이 자기도 할 수 있을 것이라는 자신감이 생긴다. 그러므로 학생 중에서 한 사람을 모델로 뽑아서 미리 연습을 시킨 다음에 그 학생이 시범을 보이면 가장 효과가 좋다.

시범을 보일 때마다 같은 학생을 모델로 선정하는 것보다는 매번 모델이 바뀌면 더 좋다. 남녀 혼성학급인 경우에는 남학생과 여학생을 1명씩 뽑아서 모델로 쓰는 것이 좋다.

➜ 교사가 시범을 보여줄 때

교사가 시범을 보여줄 때에는 동작을 정확하게 하는 것이 가장 중요하다. 만약 잘못된 동작을 보여주면 역효과가 나므로 미리 연습을 하거나 시범을 보여줄만한 학생을 선정해두는 것이 좋다. 농구의 자유투를 시범으로 보여줄 경우에는 골이 안 들어갈 수도 있다는 것을 미리 설명해야 한다.

➜ 비디오로 시범을 보여줄 때

비디오를 이용하면 설명과 시범을 한번에 효과적으로 보여줄 수 있다는 장점이 있다. 빠른 동작으로, 슬로우모션으로, 정지화면으로, 거꾸로 동작을 보여줄 수 있다는 점과 특정 부분을 반복적으로 보여줄 수 있다는 장점도 있다.

그러나 비디오를 운동장에서 보여주는 것이 어렵고, 장비와 비디오테이프를 미리 준비해야 한다는 단점이 있다. 그러나 단점보다는 장점이 더 많으므로 비디오를 잘 활용하도록 노력해야 한다.

➜ 사진이나 그림으로 보여주기

사진이나 그림을 이용하면 정지상태만 보여준다는 단점이 있지만, 특정 순간에 특정 위치를 집중적으로 정확하게 보여줄 수 있다는 장점이 있기 때문에 가끔 이용한다. 실제 시범보다 더 효과가 있을 수도 있다.

■ 시범 보이기의 자기평가

시범을 잘 보여주려면 교사 자신이 시범을 보이는 것을 평가해보고 미흡한 점이 있으면 보완해야 한다.

시범 보이기 체크리스트

♣ 각 문항에 '예' 또는 '아니오'로 대답하시오.

- 학생들이 시범에 집중하도록 만든다.
- 학생 전원이 시범을 잘 볼 수 있는 대형을 만든다.
- 시합에서 실제로 하는 것처럼 전체 동작을 시범으로 보인다.
- 정확한 동작을 능숙하게 보인다.
- 왼손 시범도 보인다.
- 학생이 충분히 이해할 수 있도록 몇 번 반복해서 보인다.
- 앞모습, 옆모습 등 각도를 달리하면서 시범을 보인다.
- 필요한 경우 슬로우모션으로도 보여준다.
- 구분동작을 설명해준다.
- 필요한 경우 구분동작의 시범도 보여준다.
- 이전에 배운 기술과 비교해서 유사점과 차이점을 시범 보인다.
- 가장 중요한 단서를 시범 보인다.

채점방법

➡ 각 문항을 '예'는 2점, '아니오'는 1점으로 채점한다.

➡ 총점을 계산한 다음 아래 기준표로 평가한다.

22~24점 : 매우 좋음

19~21점 : 평균 이상

16~19점 : 평균

13~15점 : 평균 이하

 0~12점 : 노력 요함

❼ 연습방법

체육수업에서는 연습이 아주 중요하고, 연습을 어떻게 하느냐에 따라 연습의 효과가 크게 차이가 난다. 간단한 동작을 가르칠 때에는 동작 전체를 연습시키면 그만이지만, 복잡하거나 긴 동작을 가르칠 때에는 몇 개의 구분동작으로 나누어서 가르친 다음 연습을 시켜야 한다.

가르치려는 동작을 A, B, C 3개의 구분동작으로 나눌 수 있고, 구분동작을 연결해서 연습하는 것을 +로 표시하기로 하자.

❖ 전습법 : A+B+C를 반복해서 연습한다.

❖ 순수 분습법 : A→B→C→A+B+C의 순서로 연습한다.

❖ 점진적 분습법 : A→B→A+B→C→A+B+C의 순서로 연습한다.

❖ 반복적 분습법 : A→A+B→A+B+C→의 순서로 연습한다.

❖ 전습 후 분습법 : A+B+C→A→A+B+C→B→A+B+C→C의 순서로 연습한다.

❖ 역순 분습법 : C→B→A→A+B+C의 순서로 연습한다.

■ 연습방법을 선택하는 방법

➜ 전습법으로 가르칠 수 있는가?

위에서 여러 가지 연습방법을 설명하였지만 어떤 동작이나 기술을 전습법으로 가르칠(연습할) 수 있다면 전습법이 가장 효과적이다. 그러므로 학생들에게 어떤 동작을 가르치기 전에 전습법으로 가르칠 것인지, 아니면 다른 방법으로 가르칠 것인지를 먼저 교사가 정해야 한다.

➜ 구분동작으로 나눌 수 있는가?

시간적으로 먼저 이루어져야 하는 선행동작과 나중에 이루어져야 할 후행동작이 있다면 먼저 그렇게 나누고, 거의 동시에 이루어지는 동작일 경우에는 팔동작, 발동작, 머리동작, 몸통동작 등으로 나누는 것이 좋다. 위와 같이 구분동작으로 나눌 수 있다고 해서 무조건 분습법으로 가르칠 수는 없다. 동작을 따로따로 배우고 나중에 합쳐도 문제가 없다고 판단될 때에만 분습법으로 가르칠 수 있다.

➜ 구분동작과 전체동작의 연관성은 어떠한가?

너무나 많은 수의 구분동작으로 나누어 놓으면 그 구분동작이 전체동작에서 어떤 역할을 하는지 알기 어렵다. 반드시 구분동작이 전체동작과 어떤 연관성이 있는지 살펴보고 학생들에게 말해주어야 한다.

⑧ 피드백

연습방법을 정해서 학생들이 연습을 하면 교사는 학생들에게 적절한 피드백을 제공해야 한다. 교사가 제공하는 피드백을 외재적 피드백이라 하고, 연습하는 과정에서 학생 자신이 얻게 되는 정보를 내재적 피드백이라 한다.

교사가 학생에 주는 외재적 피드백은 ① 칭찬을 통하여 강화의 역할, ② 부정적인 반응을 통하여 처벌의 역할, ③ 실수를 교정할 수 있는 정보의 역할, ④ 목표를 달성하기 위해서 더욱더 열심히 하라는 동기유발의 역할 등을 한다.

교사가 제공하는 피드백의 역할이 이와 같이 아주 다양하고 효과적이지만, 피드백을 제공할 때는 다음 사항을 주의해야 한다.

» 잘한 동작의 기준을 명확하게 해두어야 한다. 두 학생이 비슷한 동작을 했는데 한 학생에게는 칭찬을 해주고 다른 학생에게는 부정적인 반응을 보이면 곤란하다.

» 가급적이면 부정적(처벌적)인 피드백을 주지 않는 것이 좋지만, 어쩔 수 없이 부정적인 피드백을 제공해야 될 경우에는 감정이 개입되지 않도록 해야 한다. 학생이 동작을 잘못했다고 해서 놀리거나, 비꼬거나, 인상을 쓰면 안 된다. 잘못하면 교사에게 적대감을 가질 수 있다.

» 피드백은 교사만 주는 것이 아니다. 옆에 있는 동료 학생이 하는 한 마디 조언이 교사가 100번 타이른 것보다 효과적일 수도 있다. 그러므로 동료 학생의 피드백을 적절히 이용하여야 한다. 예를 들어 잘하는 학생과 못하는 학생을 같은 조로 만들어서 서로 상대의 동작에 대하여 의견을 나누도록 시간을 할애하는 것이다.

» 학생이 실수하는 원인을 찾아서 그 해결책을 제공해야 한다. 동작이 제대로 되지 않았으니 무조건 다시 연습하라고만 하면 학생이 잘못을 수정하기 힘들어진다.

» 학생이 동작을 처음 배울 때에는 잘하는 것보다 못하는 것이 더 많다. 그 부족한 점들을 한 번에 고치려고 해서는 안 된다. 교정하는 피드백을 줄 때는 1번에 1가지씩만 주어야 한다.

» "…을 하지마."하는 부정적인 피드백보다는 "…어떻게 어떻게 해라." 하는 식의 긍정적인 피드백을 주려고 노력해야 한다. 부정적인 피드백을 주면 학생이 의기소침해지고 실망하기 쉽지만 긍정적인 피드백을 주면 희망과 자신감을 갖고 더욱더 열심히 노력하게 된다.

제6장

스포츠교육의 평가론

01 평가의 이론

❶ 교육평가의 정의

교육 프로그램의 평가는 교육훈련에 관계된 프로그램의 가치를 판단하는 활동이다. 그 판단 방법은 프로그램이 거둔 결과, 즉 프로그램의 성과를 확인하는 방법과 그 프로그램의 의도, 내용기획, 운영 등의 전 과정을 평가의 대상으로 삼아 판단하는 방법, 또는 이 두 방법을 종합적으로 사용하는 방법이 있다.

타일러(Tyler, R.)는 교육평가를 교육과정과 교수 프로그램에 비추어 교육목표가 얼마만큼 달성되었는가를 판단하는 행위라고 하였고, 크론바흐는 의사결정을 위한 정보를 제공하는 일이라고 정의하였다. 비바이는 교육과정과 교육결과에 대한 기술과 해석이 아니라 그것을 바탕으로 하여 교육과정과 결과, 교육목적에 대해 가치판단을 내리는 것이라고 정의하였다.

종합해보면, 교육평가란 교육과 관련된 모든 것의 양, 정도, 질, 가치, 장점 등을 체계적으로 측정하여 판단하는 주관적 행위로서 교육목적의 가치를 판단하는 행위라고 할 수 있다.

다음은 여러 학자들의 교육평가에 대한 정의를 나열한 것이다.

❖ 커크패트릭(Kirkpatrick : 1994)……평가는 장래 교육프로그램 개선에 도움이 되는 정보를 제공하고, 훈련 프로그램의 지속 여부를 결정하며, 교육훈련 부서가 조직 목적과 목표에 기여하는 바를 보여줌으로써 교육 프로그램 존재의 타당성을 정당화하는 도구이다.

❖ 맥아들(MxArdle : 1990)……교육평가란 교육 훈련이 참여자, 조직, 교육 담당자에게 미치는 유용성을 측정하기 위해 행해지는 일련의 활동이다.

❖ 로빈슨과 로빈슨(Robinson & Robinson : 1989), 필립스(Phillips : 1984)……평가는 교육 프로그램 종료 후 실시하는 것이 아니라 프로그램이 실시되기 전에 훈련 프로그램의 체계를 고안할 때 평가 계획이 수립되어야 한다.

❖ 타일러(Tyler : 1951)……교육평가란 교육과정과 수업 활동을 통해 교육 목표가 실제로 도달된 정도를 결정하는 과정이다. 교육을 통해 추구하려고 하는 가치 혹은 목표가 달성된 정도를 확인, 판단하는 과정이다.

❖ 크론바흐(Cronbach : 1984)……교육평가란 교육 프로그램에 관한 의사결정을 내리는데 필요한 정보를 수집하고 사용하는 과정이다.

❖ 스터플빔(Stufflebeam : 1971), 풀리(Foley : 1971), 게파트(Gephart : 1971), 구바(Guba : 1971), 하몬드(Hammond : 1971), 메리만(Merriman : 1971), 프로버스(Provus : 1971)……평가란 의사 결정 과정에 필요한 정보를 설정, 획득, 제공하는 과정이다.

■ 기본가정

교육평가를 위한 기본 가정으로는 크게 다음의 네 가지가 있다.

❖ **교육평가의 대상과 자료의 무한성**……교육평가의 대상과 자료는 무한하다. 어떠한 행위, 대상, 자료도 교육평가의 대상이 된다.

❖ **시간의 연속성**……평가는 일회적으로 실시하고 종료하는 것이 아니

라 지속적으로 이루어져야 한다. 연속적인 평가를 통해 평가대상의 변화에 따른 성적을 점검하고 교육의 효과를 극대화할 수 있다.

❖ 평가의 종합성……교육평가는 종합적이어야 한다. 평가대상이 가지고 있는 모든 자료를 종합적으로 수집하여 평가하여야 한다.

❖ 학습자의 잠재 능력 개발 가능성……인간은 개발할 수 있는 무한한 잠재능력을 지니고 있다. 유전적 관점에서의 교육은 인간 발달의 가능성을 제한하기 때문에 교육평가의 기능을 극대화할 수 없다. 최근의 심리학은 이런 의견에 대해 의문을 제기한다. 2014년 국제적으로 저명한 심리학 학술지 『Psychological Science』에 실린 논문에 따르면, "학술 분야에서 노력한 시간이 실력의 차이를 결정짓는 비율은 4%에 불과한 것으로 나타났고, 어떤 분야든 선천적 재능이 없으면 아무리 노력해도 대가가 될 수 있는 확률은 그리 높지 않다."

❷ 교육평가의 목적 및 기능

교육평가의 목적은 교육을 도와주는 기능이지 구속하는 기능이 아님을 강조한다. 교육평가는 교육대상에 긍정적 영향을 주어야 한다.

성태제(2009)는 교육평가의 목적을 다음의 6가지로 분류하였다.

» 학습을 극대화한다.
» 학업성취수준을 총평한다.
» 교육의 질을 향상시킨다.
» 교육과정, 교수-학습 프로그램, 교육자료 등을 개선한다.
» 정책구안이나 의사결정을 위한 기초를 제공한다.

» 공공기금의 지출을 점검한다.

배호순(2008)은 교육평가의 목적을 다음의 12가지로 분류하였다.
» 프로그램의 기획 및 개발을 위한 목적
» 프로그램의 개선 및 변화를 위한 목적
» 프로그램의 목표 달성 정도를 파악하기 위한 목적
» 프로그램의 효과 및 영향을 사정하기 위한 목적
» 프로그램의 장점 및 가치를 파악하기 위한 목적
» 프로그램의 존속 및 폐지를 결정하기 위한 목적
» 프로그램의 지지 및 그 인정을 위한 목적
» 프로그램 실행의 점검 및 통제를 위한 목적
» 프로그램 담당자의 책무성을 과시하기 위한 목적
» 프로그램의 홍보를 위한 목적
» 프로그램을 정당화 및 타당화 하기 위한 목적
» 프로그램에 관한 연구를 위한 목적 등

이는 평가가 매우 다양한 목적으로 활용될 수 있다는 것을 보여준다.

■ 교육평가의 기능

교육평가의 기능은 다양하다. 가장 중요한 기능은 교육의 진행과정에 있는 교육과정, 프로그램, 교구, 교재 등을 개선하고 발전시키는 기능이다. 그 외에 신입생 또는 신입사원을 선발하는 기능이나 자격증을 부여하는 기능을 들 수 있다. 교육의 질을 통제하기 위해 국가단위나 지역단위의 학업성취도 시험을 실시하여 교육에 대한 책임여부를 점검하는 책무성평가

기능도 교육평가의 기능이라고 할 수 있다. 그리고 평가 자체가 행위에 대한 동기를 부여하는 기능을 한다는 주장도 있다.

■ 교육평가의 대상

교육은 교실 안에서만 이루어지는 것이 아니라 매우 다양한 형태로 이루어지므로 교육평가는 교육과 관련된 모든 현상과 구성요소를 대상으로 한다.

교육평가의 대상을 분류하면 다음과 같다.

❖ 인적 대상……학생, 교사, 학부모, 학교행정가, 학교경영자, 지역사회 주민
❖ 물적 대상
  • 소프트웨어 : 교수-학습 프로그램, 교육과정, 교구, 교재
  • 하드웨어 : 시설, 환경, 교육예산, 예산집행관계
  • 평가 : 평가에 대한 평가

최근 평가에 대한 평가로서 메타평가가 강조되고 있다. 메타평가란 평가 자체에 대한 평가를 의미하는 것으로, 평가에 대한 판단기준은 실현성, 실용성, 정합성, 정확성의 네 가지를 들 수 있다.

■ 교육평가의 방법

교육평가의 방법은 수집하는 자료에 따라 양적 평가와 질적 평가로 구분된다.

양적 평가는 검사와 측정에 의해 자료를 수집하는 평가를 의미한다. 양적 평가는 객관적 정보에 의존한다. 양적 평가가 지닌 과학성과 정밀성에도 불구하고 양적 평가는 평가대상을 전체적으로 조망하지 못하며 심층적으로 평가하지 못한다는 제한점이 지적되면서 관찰에 의하여 인간의 특성을 기술하는 평가방법이 대두 되었다.이와 같이 양적인 정보가 아니라 관찰이나 면접 등에 의하여 기술한 평가방법을 질적 평가라고 한다. 질적 평가는 평가자의 주관적 판단, 즉 전문성에 의존한다.

■ 교육평가의 절차

교육평가의 절차는 다음과 같다.

1. 교수-학습목표의 설정
2. 교수-학습목표의 구체화
3. 교수-학습목표를 행위동사로 표현
4. 구체적인 평가 상황 제시
5. 자료수집 방법 선택
6. 예비평가 실시
7. 평가방법의 개선과 결정
8. 평가실시
9. 평가결과의 해석과 활용
10. 평가에 대한 평가

❸ 교육평가의 종류와 기능 ·······················

■ 진단평가

진단평가란 스포츠 지도활동이 시작되기 전에 지도전략을 수립하기 위한 기초자료를 얻고, 효과적인 지도방법과 학습방법을 결정하기 위해서 학습자의 기초능력을 진단하는 평가이다. 즉 스포츠 지도활동을 시작하기 전에 학습자의 준비상태를 확인하는 과정이라고 할 수 있다.

진단평가는 다음과 같은 기능을 한다.

» 현재의 학습과제와 관련된 선행학습의 오류를 진단하고, 그에 대한 교정을 할 수 있다.

» 현재의 학습과제를 학습자가 미리 달성하고 있는 정도를 파악할 수 있다.

» 학습자의 흥미 · 성격 · 적성 · 학업성취 등에 따라서 적절한 지도전략을 세울 수 있다.

■ 형성평가

형성평가란 교수-학습활동이 진행되는 중간에 학생들에게 생기는 학습효과의 정도를 알아보기 위해서 하는 평가를 말한다.

형성평가는 다음과 같은 기능이 있다.

» 교수-학습활동에 대한 피드백과 교정

» 교육프로그램이나 교육과정의 개선

» 지도내용과 교수-학습활동의 개선

■ 총괄평가

일정한 양의 학습과제를 모두 수행하였거나 일정한 기간의 학습활동이 끝난 다음에 학습자들의 학업성취 수준을 알아보기 위해서 실시하는 평가를 총괄평가라 한다.

총괄평가는 다음과 같은 기능이 있다.

» 학습자의 학업성취도를 종합적으로 판단할 수 있다.
» 집단 내 또는 집단 간에 학습효과를 비교하여 다른 학습에 대한 준비와 예측을 할 수 있다.
» 지도자의 교수활동에 대한 정보를 제공하여 개선할 수 있게 한다.

❹ 평가의 단계

평가의 단계는 평가의 목적 · 영역 · 모형에 따라서 달라질 수 있다. 스포츠지도자가 현장에서 사용할 수 있는 가장 일반적인 평가의 단계는 다음과 같다.

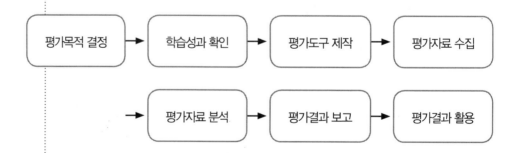

❖ 평가목적 결정……평가의 목적이 결정되어야 그에 따라서 평가 방법
   과 내용이 결정되므로 평가의 목적을 가장 먼저 결정해야 한다.

❖ 학습성과 확인……평가목적을 달성하기 위해서 학습자의 학습 성과
   를 구체적으로 확인해야 한다.

❖ 평가도구 제작……평가에 필요한 자료와 정보를 효과적으로 수집할
   수 있는 평가도구를 제작하거나 선정한다.

❖ 평가자료 수집……제작한 평가도구를 평가 대상자에게 적용하여 필
   요한 정보와 자료를 수집한다.

❖ 평가자료 분석……평가도구를 적용해서 수집한 자료를 분석하거나
   해석한다.

❖ 평가결과 보고……분석한 평가결과를 평가대상자에게 알려주고 앞으
   로 보완하거나 수정해야할 사항들에 대하여 논의한다.

❖ 평가결과 활용……다음에 스포츠를 지도할 때 평가결과와 논의결과
   를 반영하여 활용한다.

❺ 평가도구의 양호도

평가의 결과가 정확하고 활용할 가치가 있으려면 제작한 평가도구가
좋아야 한다. 평가도구 또는 측정도구가 좋은 정도를 평가(측정)도구의 양호
도라 한다. 양호도는 타당도, 신뢰도, 객관도, 실용성으로 판단한다.

■ 타당도

측정하려고 했던 것을 정확하게 측정하였느냐를 타당도라고 한다. 예를 들어 전신지구력을 검사하려고 악력계를 사용했다면 타당도가 아주 나쁜 것이고, 오래달리기를 했다면 타당도가 상당히 좋은 것이다.

타당도에는 다음과 같이 내용타당도, 준거타당도, 구인타당도가 있다.

❖ 내용타당도……검사문항이 측정하려고 하는 내용을 잘 대표하고 있는 정도를 내용타당도라고 한다. 예를 들어 축구에 대한 지식의 정도를 알아보려고 할 때 우리나라의 축구 역사에 대한 문제만 냈다면 내용타당도가 나쁜 것이고, 축구의 규칙, 축구의 역사, 축구의 기술 등등에 관한 문제를 골고루 냈다면 내용타당도가 좋은 것이다.

❖ 준거타당도……측정결과가 준거가 되는 다른 측정결과와 관련이 있는 정도를 준거타당도라고 한다. 예를 들어 스포츠지도자가 제작한 선수들의 인성검사 도구를 사용해서 측정한 결과와 현재 널리 쓰이고 있는 미네소타 다면적 인성검사(MMPI)로 측정한 결과가 비슷하다면 준거타당도가 좋은 것이고, 전혀 상반된다면 준거타당도가 나쁜 것이다. 준거타당도를 예측타당도와 공인타당도로 나누는 경우가 많다.

❖ 구인타당도……어떤 개념이나 이론을 구성하고 있는 요인 또는 원인을 구인이라고 한다. 그러므로 구인을 제대로 측정하고 있으면 구인타당도가 좋은 것이고, 제대로 측정하지 못한다면 구인타당도가 나쁜 것이다. 그런데 구인이라는 것이 정해져 있는 것이 아니라 생각하기 나름이라는 데에 문제가 있다. 예를 들어 창의력의 구인을 민감성 · 이해성 · 도전성 · 개방성 · 자발성이라고 생각하는 사람도 있고, 이해성과 도전성만 있으면 된다고 생각하는 사람도 있을 수 있

다. 그러므로 구인타당도를 측정하려면 맨먼저 어떤 개념이나 이론에 대한 조작적 정의를 한 다음에 검사문항을 만들어야 한다.

■ 신뢰도

어떤 측정도구로 측정한 결과가 일관성이 있는 정도를 신뢰도라고 한다. 여기에서 일관성이 있다는 것은 같은 것을 여러 번 측정해도 측정결과가 상당히 비슷하다는 뜻이다.

측정도구의 신뢰도를 검사하는 방법에는 다음과 같이 검사-재검사, 동형검사, 내적일관성 검사 등이 있다.

❖ 검사-재검사⋯⋯시간차이를 두고 2번 측정해서 측정값을 비교한다. 검사와 재검사의 측정값이 차이가 적으면 신뢰도가 높고, 크면 신뢰도가 낮다. 검사와 재검사 사이의 시간차이가 너무 길거나 너무 짧으면 신뢰도가 낮게 나온다.

❖ 동형검사⋯⋯동일한 구인을 측정할 수 있는 수많은 문항들 중에서 무작위로 일정한 수의 문항을 2번 선택해서 검사해보는 것이다. 검사-재검사와 다른 점은 첫 번째 측정과 두 번째 측정 사이에 시간간격이 얼마인지에 따라서 영향을 받지 않는 다는 점과 문항을 무작위로 선택하는 과정에서 생기는 오류가 더 첨가된다는 점이다.

❖ 내적 일관성 검사⋯⋯하나의 측정도구 안에 있는 문항들 사이에 서로 연관성이 있는지 여부를 파악하여 신뢰도를 추정하는 검사 방법이다. 이것은 통계적 지식이 상당히 있어야 사용할 수 있다.

■ 객관도와 실용성

어떤 평가도구의 타당도와 신뢰도가 높으면 좋겠지만, 검사하는 방법이 너무 복잡하다든지 시간이나 비용이 너무 많이 필요하다면 실용성이 없는 것이다.

평가도구로 측정할 때 개인적인 의견이나 편견을 배재하고 얼마나 객관성을 유지하였느냐 하는 것을 객관도라고 한다.

객관도를 알아보는 방법에는 똑같은 것을 두 사람(채점자)이 측정했을 때 얼마나 차이가 나는지 알아보는 방법과 한 사람(채점자)이 시차를 두고 2번 측정했을 때 얼마나 차이가 나는지를 알아보는 방법이 있다.

02 평가의 실제

❶ 평가모형

평가의 목적을 효과적으로 달성하기 위해서 평가방법과 절차를 체계적으로 정해놓은 것을 평가모형이라고 한다. 그런데 평가의 목적을 어떻게 보느냐 하는 것도 평가의 관점에 따라 다를 수 있다.

평가에는 다음과 같이 4가지 관점이 있다.

» 측정으로서의 평가
» 학습목표와 학습결과가 일치하는 정도를 결정하는 과정으로서의 평가
» 전문적 판단과정으로서의 평가

» 응용연구로서의 평가

앞의 4가지 평가목적에 따라 각각 여러 개의 평가모형들이 있다. 여기에서는 가장 널리 알려진 3가지 평가모형을 설명한다.

■ 목표달성 모형

교육평가의 목적을 교육목적이 얼마나 달성되었는지를 결정하는 과정이라고 보는 입장이다. 어떤 프로그램이나 수업이 종료된 후 교육목표가 달성된 정도를 확인하는 것으로, 설정된 행동목표와 학생의 실제 성취수준을 비교한다.

이 모형은 교육의 효과(성과)를 체계적이고 정확하게 평가할 수 있지만, 교육과정의 개선에는 한계가 있다.

■ 가치판단 모형

평가대상이 되는 교육과정에 대한 기술(記述) 및 판단을 강조한다. 즉 평가자는 반드시 교육 프로그램 또는 교육과정의 질에 대한 평가를 해야 할 책임이 있다고 주장한다.

가치판단 모형에서는 전문가의 전문적인 지식과 기술을 바탕으로 교육 프로그램이나 교육과정의 가치를 체계적으로 판단하는 활동이 평가이다.

■ 의사결정 모형

교육과 관련된 의사 결정자에게 유용한 정보를 제공함으로써 의사결정을 촉진하는 것이 평가의 목적이라는 입장이다. 평가자는 교육활동의 가치에 대해서 판단할 필요가 없고, 의사 결정자에게 유용한 정보를 제공하는 것으로 임무가 끝난다고 주장한다.

한마디로 교육과정의 가치를 결정하는 사람은 의사결정자이지 평가자가 아니다.

계획단계의 의사결정을 위해서 상황평가를 하고, 구조화단계의 의사결정을 위해서 투입평가를 한다. 그다음에는 실행단계의 의사결정을 위해서 과정평가를 하고, 마지막으로 순환단계의 의사결정을 위해서 산출평가를 한다.

❷ 평가기준

스포츠지도에서 교육평가는 평가의 기준에 따라서 준거지향 평가, 규준지향 평가, 자기지향 평가로 나눈다.

■ 준거지향 평가

준거란 '어떤 기준에 의거하여'라는 뜻이다. 그러므로 준거지향 평가는 학생들의 수행이 미리 정해놓은 기준에 도달하면 교육목표가 달성되었다고 하고, 미리 정해놓은 기준에 도달하지 못하면 교육목표를 달성하지 못했다고 평가한다.

준거지향 평가는 스포츠지도사 자격시험처럼 어떤 점수(예 : 60점)에 도달하면 몇 사람이 되었든 자격증을 주고, 정해 놓은 점수에 도달하지 못하면 자격증을 주지 않는다.

■ 규준지향 평가

규준은 원래 '실천하는 데에 본보기가 될 만한 표준'이라는 뜻이지만, 학생들이 외우기 쉽도록 고쳐서 말한다면 '정규분표에서 표준'이라는 뜻이다. 정규분포는 아주 많은 사례를 모았을 때의 분포를 말한다. 다시 말해서 아주 많은 학생이 시험을 보았을 때 평균점수를 '규준'이라고 한다.

그러므로 규준지향 평가는 평균보다 잘했으면 '수'나 '우'를 주고, 못했으면 '양' 또는 '가'를 주며, 평균과 비슷하면 '미'를 주는 5단계평가와 비슷하다. 규준지향 평가를 상대평가라고도 하고, 준거지향 평가를 절대평가라고도 한다.

규준과 준거가 말이 비슷해서 헷갈리기 쉬우니 잘 알아두기 바란다.

■ 자기지향 평가

자기지향 평가는 자신이 알아서 점수를 준다는 말이지만, 다르게 말하면 학생마다 다른 기준에 의해서 점수를 준다는 뜻이다.

즉 A는 아주 못하던 학생이었으나 열심히 노력해서 중간 정도가 되었으므로 '수'를 주고, B는 본래 잘하던 학생이었으나 자기 능력만 믿고 열심히 안 했기 때문에 실력이 전혀 향상되지 못하였으므로 '가'를 준다.

스포츠지도사 자격시험에서 자기지향 평가를 한다면 항의가 빗발칠 것이므로 안 되고, 장애 학생을 지도했다면 자기지향 평가를 하는 것이 가장 타당하다. 그러므로 어떤 평가방법으로 평가를 해야 된다고 정해져 있는 것은 없지만, 무엇을 평가하느냐에 따라서 적절한 평가방법을 이용해야 한다.

❸ 평가기법

여기에서는 시험을 보아서 평가하는 방법이 아니라, 스포츠기술을 지도할 때처럼 어떤 행동을 보고 평가하는 방법에 대해서 설명한다.

■ 체크리스트

체크리스트는 어떤 스포츠기술을 수행할 때 하는 동작의 세무명세서를 적어놓은 것이다. 그 명세서에 적혀 있는 동작들을 실제로 수행하는지 보고 체크하는 것이다.

체크리스트는 쉽게 제작할 수 있을 뿐만 아니라 사용하기도 편리해서 스포츠지도자들이 선호하는 평가기법이다. 그러나 평가하려고 하는 스포츠기술에 대하여 평가자가 잘 알고 있어야 적절한 체크리스트를 만들 수 있다는 점에 주의해야 한다. 자신이 직접 체크리스트를 만들기 어렵다고 판단되면 다른 사람이 만든 체크리스트를 이용할 수도 있다.

체크리스트에서 가장 중요한 것은 목적에 부합되는 적정 수의 항목들로 구성되어야 한다는 것이다. 항목 수가 잡다하게 많거나 중복되는 일이 없어야 하고, 문장이 애매모호해서도 안 된다.

■ 평정척도

평정척도는 학습 결과, 성격, 태도 등을 평가할 때 사용하는 기준에 해당되는 것으로 보통 A, B, C, D, E 또는 수, 우, 미, 양, 가를 사용하고, 숫자로 나타내는 경우는 그리 많지 않다.

평정척도는 보통 3단계 또는 5단계 척도를 사용한다. 평정척도의 단계 수가 너무 많으면 정확성이나 신뢰성이 떨어지게 된다.

■ 루브릭

1990년대에 미국에서 시험을 보아서 평가하는 지필평가의 단점을 보완하기 위해서 수행평가를 도입하면서 루브릭(Rubric)을 개발하기 시작하였다. 루브릭은 수행평가를 하는 도구로 사용되기 때문에 학습자의 성취도를 평가하기 위한 기준이나 가이드라인이 명세표처럼 자세하게 조목조목 적혀 있어야 한다.

그러므로 루브릭을 평가도구로 사용할 수도 있고, 학습자 자신이 자신의 수행능력이 어느 정도인지 알아보기 위한 관찰도구로 사용할 수도 있다.

루브릭을 제작하려면 다음과 같은 과정을 거쳐야 한다.

» 수행역량을 전체적으로 조망한다.
» 각각의 수행수준에 맞추어서 세분한다.
» 그 내용을 자세하게 묘사한다.
» 수행수준마다 점수를 부여한다.

▶ 표 6-1 루브릭의 예

평가대상	미흡	초보	우수	탁월
의사소통	지도자가 사용하는 어휘나 지시사항이 부적절하거나 모호하다.	지도자가 사용하는 어휘가 모호하지만 지시사항을 전달하고 있다.	지도자가 사용하는 어휘가 명확하고 지시사항도 정확하게 전달한다.	학생들이 알아듣기 쉬운 단어를 사용하고 지시 사항도 아주 간단명료하게 전달한다.

■ 관찰

일반적으로 사물의 형태나 실태를 파악하기 위해서 주의 깊게 살펴보는 것을 관찰이라고 한다. 그런데 여기에서는 적극적인 의도를 가지고 살펴보는 것을 의미하고, 눈으로만 관찰하는 것이 아니라 주의깊게 듣는 것도 관찰이다.

반두라(Bandura, A.)는 인간은 사회적인 동물이기 때문에 직접적인 보상이나 벌과 같은 강화가 없더라도, 다른 사람의 행동과 그 결과를 관찰하는 것만으로도 학습이 이루어진다고 보았다. 그러므로 경기를 관람하거나 촬영영상을 보는 것만으로도 스포츠지도를 할 수 있다고 생각한다.

일반적으로 관찰을 통한 학습을 할 때에는 다음과 같은 사항들을 잘 고려해야 한다.

» 관찰목적을 분명히 할 것
» 관찰문제를 분명히 할 것
» 관찰대상을 분명히 할 것
» 관찰장면을 분명히 할 것
» 관찰시간을 분명히 할 것

» 관찰기록의 형식을 분명히 할 것

» 관찰이 피관찰자에게 미치는 영향을 고려할 것

■ 학습자일지

학습자일지는 학습자의 학습 진행 및 학습 내용을 상세하게 기록한 것이다. 그러므로 학습자로 하여금 그날의 학습이 끝나면 학습내용, 학습소감, 지도자의 의견 등을 함께 적도록 지도하는 것이 중요하다.

학습자일지는 자기기록이며, 학습자 스스로 자신의 정보를 수집하여 정리하는 것이다. 학습자일지를 자발적으로 기록하지 않으면 단기간 동안 학습자일지를 쓰도록 한 다음 칭찬을 해주어서 권장하는 것이 좋다.

그밖에도 학습자를 면담하거나 설문지조사를 하는 것도 행동평가 또는 수행평가의 기법으로 사용할 수 있다.

03 평가도구표

❶ 학습계약서

○ 단원 : 양궁

○ 대상 : 고등학교

나(   )는 양궁 수업에서 'A'를 받기 위해 노력을 할 것을 계약합니다. 또한 나는 'A'를 받기 위해 다음에 제시된 활동들을 완수해야 함을 이해합니다.

학습활동	교사 서명	날 짜
① 기말 지필시험에서 85~100점을 받는다.	_____	_____
② 4개의 보고서를 제출한다.	_____	_____
③ 6가지 양궁 관련 기술을 익힌다.	_____	_____
④ 수업 내 12개의 라운드를 완성한다.	_____	_____
⑤ 지역사회의 양궁연습장을 방문하여 직원과 인터뷰한다.	_____	_____

위에서 제시한 활동들을 완수하지 못할 때에는 그에 상응한 점수를 받겠습니다. 또한 이 점수를 받기 위해 재계약할 수 있음을 이해합니다. 계약에 제시된 활동들을 수행하기 위해 최선을 다하겠습니다.

학생 서명 _____　날짜 _____

② 교수기술 평가지

이 름 : _____   날   짜 : _____

수업내용 : _____   대상학생 : _____

관 찰 자 : _____   수업장소 : _____

❷ 다음 티칭 기술에 해당하는 비율을 V표시하시오. ('1'은 개선이 가장 많이 필요한 것을 의미
하고, '10'은 개선이 전혀 필요 없음을 의미한다.)

1. 수업속도

  a. 학생 연습 시간   1 2 3 4 5 6 7 8 9 10

  b. 과제 활동 속도   1 2 3 4 5 6 7 8 9 10

  c. 학습 성공 배율   1 2 3 4 5 6 7 8 9 10

  d. 학습 기대에 대한 명확한 전달   1 2 3 4 5 6 7 8 9 10

2. 수업형식

  a. 수업 목표와 개요의 제시   1 2 3 4 5 6 7 8 9 10

  b. 주요 학습 내용 및 개념의 강조   1 2 3 4 5 6 7 8 9 10

  c. 과제 활동 이동의 명료성과 신속성   1 2 3 4 5 6 7 8 9 10

  d. 정보 제시의 명확성과 간결성   1 2 3 4 5 6 7 8 9 10

  e. 교사의 열정   1 2 3 4 5 6 7 8 9 10

  f. 요약 정리 및 수업 종료   1 2 3 4 5 6 7 8 9 10

③ 피드백 분석지 ··

이 름 : _____ 날 짜 : _____

수업내용 : _____ 대상학생 : _____

관 찰 자 : _____ 수업장소 : _____

❍ 다음 항목에 피드백의 횟수를 정(正)으로 표시하시오.

1. 피드백의 대상 학생

개 별		
집 단		
소 계		

2. 피드백의 목표

정확한 움직임		
부정확한 움직임		
중립적인 움직임		
소 계		

3. 피드백의 구체성

구체적인 움직임		
일반적인 움직임		
소 계		

4. 피드백의 성격

긍정적		
부정적		
중립적		
소 계		

④ 체크리스트(학생평가용) ··

종목 : 양궁	기 능	1째 주	2째 주	3째 주	4째 주	5째 주	6째 주	7째 주	8째 주	9째 주
어드레스	팔의 위치 부적절									
	체중 불균형									
	상체 꼬임									
드로우	화살줄에 수직 아님									
	손가락 상태 안 좋음									
	발 움직임									
	줄을 건 손가락들 수평 아님									
	손가락이나 손목 굽음									
	활 그립이 너무 강함									
	검지손가락 위치 잘못									
	상완, 손목, 손이 화살과 일직선이 안 됨									
	활 흔들림									
	활쪽 팔꿈치 아래로 돌아감									
	머리 또는 상체가 돌아감									
앵커에임	감은 눈 부적절									
	활 잡은 팔 흔들림									
	조준시간 불충분									
	앵커의 불안									
릴리스	상체 또는 머리 움직임									
	활 잡은 팔 흔들림									
	줄잡은 손 흔들림									
팔로스루	적중 시까지 자세유지 안 함									
	점 수									

5 체크리스트(교사평가용)

교 사 명 : 김교사

수업내용 : 소프트볼

관찰자명 : 김관찰

관찰일자 : 2017. 5. 10

	1	2	3	4	5	6	7	8	9	10	합	%
피드백 대상												
학급	V											
집단												
개인		V	V	V	V							
긍정적/부정적												
긍정적	V			V								
부정적		V	V									
구체성												
일반적	V			V								
구체적		V	V									
피드백 형태												
평가적	V			V								
교정적		V	V									
기타												
단서와의 일치성												
일치		V	V									
불일치												
기타	V											
수업 진행시간									분			
피드백의 분당 비율												

❻ 평정척도법

개인별 발표의 평가

발표학생 :

주   제 :

종목 : 양궁	매우 좋음 5	좋 음 4	보 통 3	나 쁨 2	매우 나쁨 1
Ⅰ. 준비 상태					
A. 자료물의 깊이					
B. 자료물의 범위					
C. 내용의 정확성					
D. 연구와 자료출처의 신뢰성					
Ⅱ. 발표 절차					
A. 조직측면−생각의 논리적 전개					
B. 흥미 유발−지적 자극 측면					
C. 시청각 보조기구 활용 −실례 들기, 그림 제시 등					
D. 수업참여 수준					
계					
최 고 점 = 40		총계			
최고평균점 = 5.0		총평균			

7 관찰기록지 ···

이   름 : _____   날   짜 : _____

수업내용 : _____   대상학생 : _____

관 찰 자 : _____   수업장소 : _____

1. 수업 전 준비(용·기구, 시설, 수업 내용)

2. 수업활동

   a) 수업 시작

   b) 설명과 시범

   c) 학생 활동

   d) 피드백

   e) 수업 종료

3. 수업 후 활동(학생 평가, 수업 비평)

제7장

스포츠교육자의 전문적 자질개발

01 학교체육 전문가

❶ 학교체육 전문가의 전문적 자질 ··············

학교에서 체육을 가르치는 전문가로서 요구되는 자질과 능력을 학교체육 전문가의 전문적 자질이라고 한다.

한국교육과정평가원과 한국스포츠교육학회에서 제시한 학교체육 전문가에게 필요한 8가지 자격기준은 다음과 같다.

❖ **교직인성 및 사명감**······학교체육 전문가는 건전한 인성과 가르치는 일에 대한 사명감을 가져야 한다.

❖ **학습자의 이해**······학교체육 전문가는 학생 개인의 특성과 신체활동의 학습 및 발달 정도를 이해해야 한다.

❖ **교과지식**······학교체육 전문가는 학교체육에 관한 전문지식을 가져야 한다.

❖ **교육과정의 개발·운영**······학교체육 전문가는 체육교과, 학생, 교육상황에 적합한 교육과정을 개발·운영해야 한다.

❖ **수업계획 및 운영**······학교체육 전문가는 체육수업을 효과적으로 계획·운영해야 한다.

❖ **학습 모니터 및 평가**······학교체육 전문가는 학생의 신체활동 관련 학습을 관찰하고 평가해야 한다.

❖ **협력관계 구축**······학교체육 전문가는 교육공동체 구성원들과 협력관계를 구축해야 한다.

❖ **전문성 개발**······학교체육 전문가는 전문성 개발을 위하여 끊임없이 반성하고 실천해야 한다.

▶ 표 7-1   학교체육 전문가의 자격기준[한국교육과정평가원과 한국스포츠교육학회(2008)를 일부 수정]

영역	전문적 자질의 기준	세부 내용
[기준 1] 교직인성 ·사명감	학교체육 전문가는 건전한 인성과 가르치는 일에 대한 사명감을 가져야 한다.	» 학교체육 전문가는 교육공동체 구성원 모두를 존중하고 차별없이 대해야 한다. » 학교체육 전문가는 지도하는 것이 국가·사회적으로 미치는 영향을 인식하고 업무를 솔선수범해야 한다. » 학교체육 전문가는 학생의 신체활동 생활화와 건전한 체육문화 및 복지 정착을 위하여 노력해야 한다.
[기준 2] 학습자 이해	학교체육 전문가는 학생 개인의 특성과 신체활동 학습 및 발달 정도를 이해해야 한다.	» 학교체육 전문가는 학생의 신체·인지·사회·정서 등의 발달 정도 및 차이를 이해해야 한다. » 학교체육 전문가는 학생의 선행학습 내용과 방식, 학습 동기와 요구를 이해해야 한다. » 학교체육 전문가는 학생의 특성과 환경을 이해해야 한다.
[기준 3] 교과 지식	학교체육 전문가는 학교체육에 관한 전문지식을 가져야 한다.	» 학교체육 전문가는 체육교과의 실기와 이론에 대한 전문적인 수행 및 이해능력을 가져야 한다. » 학교체육 전문가는 체육교과의 기반이 되는 지식을 폭넓게 이해해야 한다. » 학교체육 전문가는 체육교과와 기반이 되는 최신 지식을 지속적으로 탐구해야 한다.
[기준 4] 교육과정 개발·운영	학교체육 전문가는 체육교과, 학생, 교육상황에 적합한 교육과정을 개발·운영해야 한다.	» 학교체육 전문가는 체육과교육과정의 구성원리와 내용체계를 이해해야 한다. » 학교체육 전문가는 체육과교육과정을 학생, 학교, 지역의 특성 및 상황 등에 적합하게 재구성해야 한다. » 학교체육 전문가는 체육과교육과정의 운영 과정 및 결과를 분석하고 개선해야 한다.
[기준 5] 수업의 계획 및 운영	학교체육 전문가는 체육수업을 효과적으로 계획·운영해야 한다.	» 학교체육 전문가는 체육교과의 목표, 학생수준, 학습여건에 적합한 수업을 계획해야 한다. » 학교체육 전문가는 다양한 수업방법, 활동, 자료, 매체 등을 활용하여 수업을 효과적으로 운영해야 한다. » 학교체육 전문가는 학생의 체육학습 요구를 진단하고 적절히 지원해야 한다.

[기준 6] 학습 모니터 및 평가	학교체육 전문가는 학 생의 신체활동 관련 학습을 관찰하고 평가 해야 한다.	» 학교체육 전문가는 평가목적 및 내용에 적합한 관찰·평가방법을 이해하고 적용해야 한다. » 학교체육 전문가는 관찰·평가 결과를 학생에게 제공해야 한다. » 학교체육 전문가는 관찰·평가 결과를 체육수업 개선에 활용해야 한다.
[기준 7] 협력관계 구축	학교체육 전문가는 학 생의 신체활동 관련 학습을 관찰하고 평가 해야 한다.	» 학교체육 전문가는 신체활동이 사회·문화·정치·경제적으로 미치는 영향을 이해해야 한다. » 학교체육 전문가는 교육공동체 구성원들의 참여와 협력을 유도·유지해야 한다. » 학교체육 전문가는 교육공동체 구성원들과 자원·정보 교류에 주도적으로 참여해야 한다.
[기준 8] 전문성 개발	학교체육 전문가는 전 문성 개발을 위해 끊 임없이 반성하고 실천 해야 한다.	» 학교체육 전문가는 자신의 교육 실천을 비판적으로 반성하고 연구하여 개선해야 한다. » 학교체육 전문가는 연수 프로그램, 프로젝트, 워크숍 등에 적극 참여하여 전문성 개발을 위하여 노력해야 한다. » 학교체육 전문가는 현실에 안주하지 않고 끊임없이 학습하고 노력해야 한다.

표에서 제시하고 있는 8가지 기준을 인지적 측면, 기능적 측면, 인성적 측면으로 나누어서 설명하면 다음과 같다.

■ 인지적 측면

자격기준 2의 학습자 이해는 가르치는 대상인 학생들을 잘 알아야 된다는 의미이다. 학생들의 발육발달, 선행학습의 수준, 학습동기와 학습욕구 등을 파악하고 있는 것이 매우 중요하다.

그래야 학생들의 개인차에 맞는 다양한 방법으로 학습을 지도할 수 있고,

정규 수업시간에 하는 수업과 학교 스포츠클럽에서 하는 수업을 각각의 목적에 부합되게 할 수 있으며, 학생들이 수업에 흥미를 가지고 임하게 함으로써 평생 동안 스포츠활동을 계속할 수 있는 기틀을 마련해줄 수 있다.

자격기준 3의 교과 지식은 가르치는 내용에 대하여 잘 알고 있어야 한다는 뜻이다. 체육교과의 기반이 되는 스포츠심리학, 스포츠사회학, 체육사, 운동생리학, 운동역학, 스포츠의학 등에 관련된 전문지식을 가지고 있어야 학생들을 효과적으로 지도할 수 있다.

■ 기능적 측면

학교의 체육시간에는 전문적인 지식만 가르치는 것이 아니라 스포츠를 할 수 있는 수행능력도 가르쳐야 한다. 그러므로 가능한 한 다양한 스포츠 종목을 수행할 수 있는 능력을 갖추고 있어야 학생들을 지도할 수 있다.

학교체육 전문가의 자격기준 4(교육과정 개발 · 운영)와 자격기준 5(수업 계획 및 운영)는 교육 프로그램의 목표, 학습자의 수준, 학습여건에 맞도록 적절한 수업을 계획할 수 있는 능력, 다양한 수업방법, 수업활동, 교육자료 및 매체의 활용 등을 통해서 효과적으로 수업을 할 수 있는 능력, 학생들의 요구에 따라 적절한 도움을 주고 지원해 줄 수 있는 능력이 있어야 한다는 의미이다.

■ 인성적 측면

학교에서 체육을 가르치는 것은 신체적 · 정신적 · 사회적으로 잘 조화된 온전한 인간으로 기르는 것을 목적으로 한다. 그러므로 체육을 지도하는 지도자의 인성적인 자질과 태도가 아주 중요하다. 그래야 학생들에게 모범이 될 수 있기 때문이다.

학교체육 전문가의 자격기준 1(교직인성 · 사명감)과 자격기준 8(전문성 개발)이 인성적인 측면을 대표하는 것이다. 건전한 인성을 갖도록 학생들을 가르치는 일은 국가와 사회적으로도 중요한 일이다. 학생들이 국가와 사회라는 공동체의 구성원으로서 서로를 존중하고 협동하는 일과, 일상생활 속에서도 꾸준히 신체활동을 생활화하여 건전한 여가문화를 정착하는 데에 기여해야 한다.

그 외에 지도자 자신의 전문성 개발을 위해서 꾸준히 노력해야 한다. 지식과 정보가 빠르게 변화하는 시대인 만큼 자신의 전문성을 개발하기 위해서 부단히 노력하지 않으면 오히려 퇴보되는 결과를 초래할 수도 있다.

❷ 학교체육 전문가의 전문적 자질개발

학교체육 전문가의 전문적 자질개발은 대학의 관련학과에서 가르치는 직전교육과 현직에서 이루어지는 현직교육이 있다.

직전교육은 학교체육 지도자로서 갖추어야 할 인지적 · 기능적 · 인성적인 측면을 대학에서 체계적으로 가르치는 것이다. 직전교육은 스포츠지도자가 갖추어야 할 기본적인 역할을 가르치는 것이므로 그것만으로는 충분하지 못하다.

현직교육은 학교체육 지도자가 평생에 걸쳐서 끊임없이 자기개발을 할 것을 강조한다. 카츠(Katz, L. G. : 1972)는 학교체육 지도자의 일생을 4단계로 구분하고, 각 단계마다 교육받아야할 내용을 세밀하게 제시하고 있다(표 7-2).

▶ 표 7-2   학교체육 지도자의 경력단계별 특성[Katz, L. G.의 분류(1972)를 수정]

단계	경력	특성 및 관심
생존단계	0~1년	» 교수상황에서 직면하는 문제에 관심을 갖는다. » 자신의 교수능력과 열정에 대하여 자문을 한다. » 학생들이 학교생활에 잘 적응할 수 있도록 도와준다.
강화단계	2년	» 학생 개개인의 요구를 생각한다. » 학생의 특성과 지도전략을 공유할 수 있는 기회를 제공해야 한다. » 경력이 있는 동료 지도자나 다른 전문가의 성공사례가 도움이 될 수 있다.
갱신단계	3~4년	» 가르치는 일에 조금씩 자신감을 갖게 되며, 이전에 했던 교수방법에 지루함을 느끼면서 새로운 아이디어를 찾기도 한다. » 새로운 자극을 위해 학회나 워크숍에 참석한다. » 다른 지도자들과 공식적 · 비공식적 네트워크를 형성한다.
성숙단계	4년 이후	» 지도와 학생에 대한 자신의 교육관 · 신념에 대한 자문을 하기 시작한다. » 복잡한 교수상황에서 비롯되는 의미를 이해하려고 한다. » 국가 · 사회적 요구에 대한 적절성을 탐구하게 된다. » 폭넓은 경험(독서, 학회 발표 등)이 관점의 변화와 확장에 도움이 된다. » 같은 단계에 있는 다른 지도자들과 의견을 나누면서 어려움을 극복할 필요가 있다.

02 생활체육 전문가

❶ 생활체육 전문가의 전문적 자질

생활체육 전문가는 유아부터 노인에 이르기까지 모든 연령대의 사람들을 대상으로 신체활동을 지도해야 하는 지도자들이다. 그러므로 생활체육 전문가는 어린이들의 발육발달에서부터 일반인의 건강에 대한 지식까지도 충분히 가지고 있어야 하고, 사회생활에 필요한 건전한 인성과 태도도 갖추고 있어야 한다.

다음에 생활체육 전문가에게 필요한 인지적 자질, 기능적 자질, 인성적 자질을 간략하게 설명한다.

■ 인지적 자질

생활체육 전문가가 갖추어야할 인지적 자질은 누구를 가르칠 것인가, 무엇을 가르칠 것인가, 어떻게 가르칠 것인가 등에 관한 내용과 클럽이나 체육시설을 관리하는 관리자로서 알아야할 내용, 마지막으로 생활체육과 관련된 법과 정책에 대한 지식 등으로 구분할 수 있다.

❖ 지도대상에 관련된 지식……참가자의 신체상황, 사회 · 문화적 배경, 심리 · 사회적 특성 등의 이해

❖ 지도내용에 관련된 지식……스포츠 기술 · 전술, 신체활동에 따른 테크닉, 스포츠과학(스포츠심리학, 운동영양학, 해부학, 운동생리학, 운동역학 등) 지식 등

❖ 지도방법에 관련된 지식……종목별 기술 · 동작의 관찰 및 분석, 종목별 참여단계에서 발생하는 고원현상의 해결 지식 등

❖ 관리에 관련된 지식……스포츠상해 예방 · 관리, 안전사고 대응, 시설 · 운동기구의 배치 및 관리, 운동상담에 관한 지식 등

❖ 법률지식……생활체육에 관련된 법률 등에 관한 지식

■ 기능적 자질

생활체육 전문가는 아주 다양한 사람들을 다양한 환경에서 다양한 방법으로 가르쳐야 하기 때문에 갖추어야 할 전문적인 능력도 대단히 다양하다. 그것을 지도능력, 관리능력, 프로그램 개발능력으로 나누어서 간단히 설명한다.

❖ **지도에 관련된 지식**……각 종목을 단계별로 지도할 수 있는 능력, 종목별 기술 동작 관찰 · 분석, 참가자의 수준에 맞춘 표현, 목표 부여 및 동기유발 등

❖ **관리에 관련된 지식**……회원 관리(의사소통, 상담, 회원 간 네트워크 형성 · 관리 등), 클럽조직 · 프로그램 운영, 클럽 홍보 · 마케팅, 안전사고 대응, 응급처치, 운동시설 및 기자재 등의 관리 능력

❖ **프로그램 개발에 관련된 지식**……참여자 및 종목별 특성에 맞는 프로그램, 참여자의 요구 · 수준에 맞는 프로그램 등의 개발지식

■ 인성적 자질

생활체육 전문가는 평생체육을 지도하는 전문가이기 때문에 참여자의 신체 및 정신의 성장, 노화와 장애로 인한 개인차를 모두 이해하고 포용할 수 있는 인성을 갖추어야 한다. 다음은 체육인으로서, 교육자로서, 전문가로서, 서비스생산자로서 갖추어야할 생활체육 전문가의 인성적 자질을 정리한 것이다.

❖ **체육인으로서의 자질**……스포츠맨십, 스포츠인권 관련 윤리규범 준수, 스포츠가 지닌 가치를 인정하고 존중하는 가치지향적 태도 등

❖ 교육자로서의 자질……참여자의 말을 경청하고, 그것을 이해·공감하는 태도, 지도자와 참여자가 서로 존경심을 갖고 교육에 임하는 태도, 목표를 부여하고 지도하는 리더십 등

❖ 전문가로서의 자질……지도과정을 반성하고 끊임없이 전문성을 향상시키려는 노력, 책임감을 갖고 지도하려는 태도, 지도현장의 개선 의지 등

❖ 서비스생산자로서의 자질……참여자의 요구를 적극 수용하고 충족시켜주려는 태도, 친절한 태도, 겸손한 자세로 불만과 애로사항을 경청하고 시정하려는 자세 등

❷ 생활체육 전문가의 전문적 자질개발

생활체육 전문가도 대학에서 관련학과를 다니면서 배우는 직전교육과 체육교육 현장에서 자신의 지도능력을 발전시켜나가는 현직교육으로 나눌 수 있다. 생활체육 전문가의 현직교육은 지도자 개개인이 서로 다른 환경에서 지도를 하고 있기 때문에 각자의 요구와 관심사를 반영해야 한다. 표 7-3은 생활체육 지도자의 발달단계별로 관심을 갖는 영역과 구체적인 내용을 표로 나타낸 것이다.

▶ 표 7-3　생활체육 지도자의 발달단계별 관심 영역[김경숙 · 김선희(1999)를 수정]

단계	영역	내　　용
생존단계	수업의 운영 및 관리	스포츠 프로그램에 참여하는 동호인의 수, 프로그램의 기획과 운영, 스포츠센터의 운영 · 계획에 따른 동호인 관리 · 지도
	정보수집	동호인 개개인의 특성 및 운동능력 파악
	상호작용	건강 및 체력에 대한 상담
강화단계	지도법	지도내용, 지도내용의 전달 방법, 체계적인 지도기술, 대상별 지도법
갱신단계	전문지식	안전사고 예방 및 대처, 체육의 이론적 지식과 실제적 지식의 접목, 새로운 지도법 습득 및 적용
	정보수집	개인별 운동능력 관찰
	상호작용	프로그램 발전을 위한 상담
성숙단계	전문지식	응급처치 및 건강 관련 지식
	상호작용	동호인들에게 인정을 받음
	자질	인격적 성숙, 지도자의 가치관과 신념

03 전문체육 전문가

❶ 전문체육 전문가의 전문적 자질 ··

　전문체육 전문가는 스포츠선수들이 자기의 기량을 마음껏 발휘할 수 있도록 지도하는 사람들이다. 그러므로 가르치는 선수가 탁월한 기량을 발휘할 수 있도록 지도하는 것이 중요하다.

　그러나 요즈음에는 선수를 신체적 · 심리적 · 사회적으로 온전한 사람

으로 길러내는 것을 더 중요시하는 경향이 있으므로 선수들의 스포츠수행
능력과 함께 인성도 잘 지도해야 한다.

　미국의 스포츠체육협회(NASPE)에서는 코치들이 갖추어야 할 전문적
자질을 8개의 영역, 40개의 행동표준, 127개의 행동특성으로 구분하여 제
시하고 있다(표 7-4).

▶ 표 7-4　전문체육 전문가의 행동표준[NASPE(2006)을 수정]

영역		행동표준
영역 1 철학 및 윤리	표준 1	선수 중심의 코칭철학을 개발하고 실천한다.
	표준 2	스포츠를 통해 배운 긍정적 가치를 찾아내고, 본을 보이고, 가르친다.
	표준 3	스포츠 프로그램 참여자에게 개인적 · 사회적 · 윤리적으로 책임있는 행동들을 가르치고 북돋운다.
	표준 4	스포츠 프로그램에 관련된 모든 과정과 측면에서 윤리적 행동을 솔선수범한다.
영역 2 안전과 상해예방	표준 5	안전한 시설 제공으로 부상을 예방한다.
	표준 6	모든 보호용구가 잘 준비되어 있고, 제대로 고쳐져 있고, 적절하게 활용되는 지를 확인한다.
	표준 7	주위환경을 잘 지켜보고, 필요하다면 활동참여를 적절히 조절하여 참여자들의 건강과 안전을 확실히 보장한다.
	표준 8	선수들을 위험에 처하게 만드는 물리적 환경을 사전에 파악해둔다.
	표준 9	부상 정도를 정확히 파악해서 즉각적이고 적절한 응급처치를 한다.
	표준 10	예방 · 조처 · 관리를 모두 포함하는 잘 짜인 스포츠 건강관리 프로그램을 운영한다.
	표준 11	부상이 가져다주는 심리적 측면의 문제들을 찾아내어 관리해준다.
영역 3 신체적 컨디셔닝	표준 12	운동생리학 · 운동역학적 원리들을 올바로 활용하는 기술훈련, 체력단련 · 회복 프로그램 등을 설계한다.
	표준 13	최적의 신체적 · 정신적 수행과 건강상태를 유지하기 위하여 영양섭취를 올바로 할 것을 지도한다.
	표준 14	약물복용을 금지하고, 약물에 관한 올바른 정보를 제공한다.
	표준 15	부상에서 회복된 후 시합에 참여할 수 있는 체력훈련 프로그램을 준비한다.

영역		행동표준
영역 4 성장 및 발달	표준 16	발달에 따른 변화가 운동기술을 배우고 발휘함에 어떤 영향을 미치는가를 다룬 지식을 현장에 활용한다.
	표준 17	스포츠를 긍정적으로 체험하게 하고 신체활동에 평생 참여하도록 북돋음으로써 선수의 사회적 성장과 정서적 성숙을 더욱 조장한다.
	표준 18	선수들이 성숙해가면서 책임감과 리더십을 배울 수 있는 기회를 제공한다.
영역 5 지도법 및 커뮤니케이션	표준 19	선수의 특성과 프로그램의 목표에 잘 맞는 긍정적인 학습환경을 제공한다.
	표준 20	선수와 프로그램을 위한 목표를 설정하고 관찰한다.
	표준 21	열의를 지속시키고, 피로를 감소하고, 최고의 운동수행능력을 발휘할 수 있도록 시즌훈련이나 연간훈련에 근거해서 연습계획을 잘 조직한다.
	표준 22	선수들과 실제 연습시간을 최대화할 수 있도록 일일연습을 계획하고 실천한다.
	표준 23	선수의 발달과 수행발휘를 강화시킬 수 있는 지도방법을 도입한다.
	표준 24	시합능력을 향상시키고 시합불안을 감소시키는 심리기술을 지도한다.
	표준 25	선수 개개인이 보다 잘 배우고, 팀이 전체적으로 성공을 거두고, 스포츠에 즐겁게 참여할 수 있도록 효과적인 의사소통 기술을 활용한다.
	표준 26	선수들이 경기능력을 최대한 발휘하고 만족감을 높일 수 있는 적절하고 효과적인 동기유발 기술들을 실제로 보여주고 활용한다.
영역 6 운동기능 및 전술	표준 27	현재 가르치는 종목과 연관된 단위기능, 복합기능, 테크닉 등을 습득한다.
	표준 28	선수들의 연령 및 기술 수준에 적합한 시합전략과 전술을 찾아서 개발·적용한다.
	표준 29	연습과 훈련을 계획하고, 시합에 대비하고, 경기를 분석할 때 다양한 방법을 활용한다.
영역 7 조직과 운영	표준 30	대화관리 및 운영을 효율적으로 한다.
	표준 31	스포츠 프로그램의 홍보활동에 참여한다.
	표준 32	프로그램에 적합한 인력자원을 잘 활용한다.
	표준 33	프로그램에 필요한 재정자원을 잘 활용한다.
	표준 34	비상사태가 발생하면 행동계획을 세우고, 실천하고, 문서화한다.
	표준 35	스포츠 프로그램 관련 모든 정보·문서·기록을 잘 관리한다.
	표준 36	코칭에 관련된 모든 법적 책임사항과 위기관리 절차를 수행한다.

영역 8 평가	표준 37	설정된 목표에 비추어 수행결과를 효과적으로 평가하는 기법을 활용한다.
	표준 38	시즌의 목표에 비추어 선수들의 열의와 선수 각자의 실력수준을 평가할 수 있는 다양한 방법을 사용한다.
	표준 39	포지션과 역할을 알맞게 배분하고, 선수 각자에게 적합한 목표를 설정하기 위하여 효과적이고 개관적인 방식으로 선수들을 평가할 수 있는 기법을 연구한다.
	표준 40	코치 자신과 스태프들을 평가하는 객관적이고 효과적인 방식을 연구한다.

❖ **전문영역 1 : 철학 및 윤리**······전문체육 전문가는 선수의 기량향상을 위한 확고한 철학이 있어야 하며, 이러한 철학은 코칭의 전 과정을 통하여 선수들에게 전달되어야 한다. 또한 코칭의 전 과정을 통하여 윤리적으로 행동해야 하는데, 이러한 행동을 선수들에게 모범적으로 실천하며 가르칠 수 있어야 한다.

❖ **전문영역 2 : 안전 및 상해 예방**······전문체육 전문가는 안전사고 발생 시에 대비하여 적절히 대처할 수 있는 응급처치 기술을 익혀야 한다. 그리고 연습이나 시합 중에 발생할 수 있는 잠재적인 위험요인을 파악하고 이를 예방할 수 있어야 한다. 또 부상이나 사고로부터 생길 수 있는 선수들의 심리적인 문제를 인지하고 적절히 대응할 수 있어야 한다.

❖ **전문영역 3 : 신체적 컨디셔닝**······전문체육 전문가는 선수가 안전하게 운동할 수 있도록 운동과학의 원리를 적용한 체력훈련 프로그램을 설계하고, 최적수행을 할 수 있도록 해야 한다.

❖ **전문영역 4 : 성장 및 발달**······전문체육 전문가는 선수의 개인적 성장 및 발달 정도를 알고 있어야 한다. 그리고 이를 바탕으로 선수 각자가 최적의 신체적·기능적·정서적 발달을 이루어낼 수 있도록 개별화된 훈련환경을 조성해주고, 연습과 시합전략을 바꿀 수도 있다.

❖ 전문영역 5 : 지도법 및 커뮤니케이션⋯⋯전문체육 전문가는 선수들이 긍정적으로 시합에 임할 수 있도록 훈련을 계획하여 실행하여야 한다.

❖ 전문영역 6 : 운동기능 및 전술⋯⋯전문체육 전문가는 효과적이고 성공적인 팀을 만들기 위하여 기술과 전술을 개발하고 적용할 수 있어야 한다.

❖ 전문영역 7 : 조직과 운영⋯⋯전문체육 전문가는 대회관리 · 운영, 재정관리, 인력관리, 문서관리, 조직관리 등에 관한 전문성을 갖추어야 한다.

❖ 전문영역 8 : 평가⋯⋯전문체육 전문가는 팀을 평가할 수 있는 적절한 평가기법을 연구 · 개발해야 한다. 그리고 그것을 통하여 선수 · 코치 · 스태프들을 체계적으로 평가해야 한다.

② 전문체육 전문가의 전문적 자질개발

코치의 수준 또는 발달단계는 나라마다 조금씩 다르게 구분하고 있다. 미국에서는 코치의 수준을 낮은 것에서부터 차례로 초보코치, 중급코치, 마스터코치로 나누고 있고, 뉴질랜드에서는 코치가 가르치고 있는 선수의 나이에 따라서 초보코치와 숙련코치로 나누고 있다.

영국에서는 선수의 발달단계에 따라서 선수를 아동기 선수, 일반참가 선수, 고급향상 선수, 최고기량 선수로 나누고 각각의 선수를 지도하는 코치를 초급코치, 레벨2코치, 중견코치, 마스터코치로 구분하고 있다.

우리나라에서는 특별한 구분은 없지만 보통 초등학교 코치, 중 · 고등학교 코치, 대학 · 실업팀 코치, 프로팀 코치로 구분하고 있다.

코치의 단계를 입문 단계, 개발 단계, 고급 단계로 나누고, 각 단계별로 개발해야할 자질을 간단히 설명하면 다음과 같다.

❖ 입문 단계⋯⋯대학에서 관련학과를 졸업한 다음 종목별 협회에서 실시하는 코치연수를 마치면 입문 단계의 코치가 된다.

입문 단계의 코치가 개발해서 갖추어야할 핵심영역과 내용은 표 7-5와 같다.

▶ 표 7-5　　입문 단계 코치의 핵심지식[정현우 외(2013)의 내용을 표로 작성한 것임]

핵심지식	내 용
참여자 발달	선수 및 스포츠 참여자의 생리·심리·교육적 변화
스포츠교육과정	스포츠를 가르치기 위한 스포츠 관련 지식 및 프로그램
코칭교육학	코칭의 교육학적 이해
문화와 맥락	코칭이 이루어지는 문화 및 사회적(정책, 정치적 변화) 환경
연구와 코치 개발	코치 관련 이론 및 분석 능력, 코칭 실무를 위한 능력

❖ 개발 단계⋯⋯입문 단계의 교육을 통해서 습득한 지도기술이나 지식을 현장에서 적용하려면 많은 시행착오를 거칠 수밖에 없다. 그러한 시행착오를 겪는 과정에서 이론과 실제의 차이점을 알게 되고, 지도역량이 발전하게 된다.

개발 단계의 교육은 형식적인 교육과 비형식적인 교육으로 나눌 수 있다. 자격증의 유지 또는 보수교육을 위해서 협회나 국가에서 실시하는 연수교육 또는 석·박사과정을 이수하는 것이 형식적인 교육이다.

❖ 고급 단계⋯⋯입문 단계와 개발 단계를 거치면서 코치는 자신의 지도철학과 지도기술을 익혀나가게 된다. 고급 단계의 코치 교육은 형식적인 교육에 의해서 이루어지는 경우는 거의 없다.

자신의 지도활동에 대하여 스스로 반성하고 효과적인 지도방법을 스스로 창출해야 한다.

전문체육 전문가로서의 장기적인 성장은 형식적 성장, 무형식적 성장, 비형식적 성장으로 나눌 수 있다.

❖ **형식적 성장**……고도로 제도화되고, 관료적이며, 표준화된 교육과정을 통해서 코치들이 배워야할 공통의 지식을 체계적으로 가르치는 형식적 교육을 통해서 성적, 학위 또는 자격증을 부여하는 형식적 교육을 통해서 성장하는 것이다.

❖ **무형식적 성장**……공식화된 교육기관 밖에서 단기간 동안 자발적으로 행해지는 세미나, 워크숍, 컨퍼런스 등을 통해서 학습하여 성장하는 것이다. 넓은 범위의 지식을 지속적으로 개발할 수 있다는 장점이 있다.

❖ **비형식적 성장**……일상생활 또는 코칭 과정에서 의식적 또는 무의식적으로 배우게 되는 것이다. 고급단계의 코치교육은 형식적인 교육에 의해서 이루어지는 경우는 거의 없고 자신의 지도활동에 대하여 스스로 반성하고 효과적인 지도방법을 스스로 창출해야 한다.

참|고|문|헌

강성식(2008). 생활체육 이론과 실천. 서울 : 대경북스.

강신복(2009). 현대 스포츠교육학의 이해. 서울 : 레인보우북스.

강신복 · 손천택 공역(2008). 체육교수이론. 서울 : 보경문화사.

강신복 외 공역(1995). 증보 체육학습교수법. 서울 : 보경문화사.

경기지도자연수교재 편찬위원회(1992). 1급 경기지도자 연수교재. 한국체육과학연구원 경기지도자연수원.

교육과학기술부(2011). 체육과교육과정. 교육과학기술부고시 제2011-36호.

교육부(2013). 학교스포츠클럽 운영 매뉴얼. 교육부 자료.

교육인적자원부(2007). 체육과 교육과정. 교육인적지원부고시 제2007-79호[별책3].

교육인적자원부(2007). 학교스포츠클럽의 활성화 방안. 교육인적자원부 자료.

국민생활체육회 http://www.sportal.or.kr/.

국민체육진흥법 · 시행령

김경숙(2000). 사회체육지도자론. 서울 : 대경북스.

김경숙(2002). 독일의 스포츠클럽과 생활체육. 프리드리히 에베르트 재단.

김경숙(2003). "스포츠교육과 사회체육". 한국스포츠교육학회지, 10(3), 41~63.

김경숙 · 김선희(1999). "사회체육지도자 현직교육 프로그램 개발을 위한 요구분석". 한국여성체육학회지, 13(2), 89~101.

김경숙 외 공역(2010). 움직임교육의 이해. 서울 : 대한미디어.

김상홍 · 정명수(2000). 사회체육지도 이론과 실제. 서울 : 대경북스.

김혁출 · 심성섭(2014). 생활체육학 총론. 서울 : 숭실대학교 출판국.

대한체육회 홈페이지. http://www.sports.or.kr/koc.sport.

문화체육관광부(2014). 체육백서.

손천택(2009). 체육교수학습론. 서울 : 보경문화사.

위성식 · 권연택(2010). 사회체육학 총론. 서울 : 대경북스.

위성식 외(2010). 최신 사회체육 프로그램론. 서울 : 대경북스.

유정애(2007). 체육과교육과정 총론. 서울 : 대한미디어.

유정애(2013). 체육과교재연구 및 지도법. 서울 : 대한미디어.

유정애 외(2007). "초 · 중학교 체육과 교육과정 해설연구". 한국교육과정평가원 연구자료 CRC 2007-18.

유정애 외 공역(2014). 체육수업모형. 서울 : 대한미디어.

임번장(2008). 사회체육개론(제2개정판). 서울 : 서울대학교 출판부.

정영린 외(2013). 중학교 체육. 서울 : 천재교과서.

정현우 · 김진희(2013). "영국의 대학 코치교육 분석 및 시사점". 코칭능력개발지, 15(4), 3~11.

조미혜 역(2002). 스포츠교육(Siedertop, D. 저). 서울 : 대한미디어.

조미혜 · 오수학(2004). 체육과교육과정과 평가. 서울 : 무지개출판사.

체육과학연구원 생활체육지도자연수원(2009). 1급 생활체육지도자 연수교재.

체육과학연구원 생활체육지도자연수원(2009). 3급 생활체육지도자 연수교재 .

최의창(2003). 스포츠교육학. 서울 : 레인보우북스.

최의창(2010). 인문적 체육교육과 하나로 수업. 서울: 레인보우북스.

최의창(2012). "전인적 선수 발달과 인문적 코칭-교육활동으로서 스포츠 코칭의 목적과 방법 재개념화". 한국스포츠교육학회지, 19(2), 1~25.

최의창(2014). "전인적 청소년 교육을 위한 스포츠 활용 : 최근 국제 동향과 학교체육에의 시사점". 아시아교육연구, 15(3), 247~276.

학교체육진흥법 · 시행령

한국교육과정평가원 · 한국스포츠교육학회(2008). 전공과목의 교사자격 기준 개발과 평가 영역 상세화 및 수업능력평가를 위한 워크숍 자료집.

Bailey, R., Armour, K., Kirk, D., Jess, M., Pickup, I. & Sanford, R.(2009). "The educational benefits claimed for physical education and school sport; An academic review." *Research Papers in Education, 24(1)*, 1~27.

Cohen, A.(1970). Technology: Thee or me, *Educational Technology, 10*, 57~60.

Henry, F. M.(1964). "Physical Education : Academic Discipline." *Journal of Health, Physical Education, and Recreation*, Vol. 35.

Katz, L. G.(1972). "Developmental stage of preschool teachers." *Elementary School Journal, 73(1)*, 50~54.

Martens, R.(2004). *Successful Coaching*. 김병준 외 9인 공역(2007). 코칭과학. 서울 : 대한미디어.

National Association for Sport and Physical Education(2006). *National standards for sport coaches : Quality coaches, quality sports(2nd ed.)*. Reston, VA: Author.

Sage, G.(1988). Sports participation as a builder of character? The World and I, 3. 629~641.

Schempp, P.(2003). *Teaching Sport and Physical Activity.* 유정애 · 임현주(2006). 공역. 스포츠교육개론. 서울: 대한미디어.

Shulman, L. S.(1996). "Those who understand : Knowledge growth in teaching." *Educational Research, 15(2).*

찾아보기

ㄴ

ㄷ

ㅊ

저자소개

김 현 우
전남대학교 대학원 체육학석사
전남대학교 대학원 체육학박사
현 조선대학교 교수

박 형 란
연세대학교 대학원 체육학석사
연세대학교 대학원 체육학박사
현 제주대학교 조교수

서 재 복
명지대학교 대학원 체육학석사
명지대학교 대학원 체육학박사
현 춘천교육대학교 교수

이 달 원
경북대학교 대학원 체육학석사
계명대학교 대학원 이학박사
현 계명문화대학교 교수

정 하 나
호남대학교 대학원 체육학석사
국민대학교 대학원 이학박사
현 국민대학교 강사

스포츠교육학

초판발행   2019년 9월 5일
초판2쇄   2023년 3월 10일
발 행 인   김영대
발 행 처   대경북스
ISBN   978-89-5676-792-5

등록번호 제 1-1003호
서울시 강동구 천중로42길 45 2F·전화 : 02) 485-1988, 485-2586~87
팩스 : 02) 485-1488·e-mail:dkbooks@chol.com·http://www.dkbooks.co.kr